Andreas Rössler,

geboren 1940 in Stuttgart, studierte Theologie in Tübingen, Edinburgh, Göttingen und New York und promovierte 1971 zum Dr. theol. an der Universität Tübingen. Er wurde 1971 Gemeindepfarrer in Stuttgart, 1978 Pfarrer für Ökumenische Studienarbeit in der württembergischen Landeskirche, 1992 Chefredakteur des *Evangelischen Gemeindeblatts für Württemberg.* Er ist seit Juli 2003 im Ruhestand. Im Quell Verlag ist er seit 1995 Herausgeber der *Bibelworte für jeden Tag des Jahres.*

Andreas Rössler

Evangelisch –
Katholisch

Grundlagen
Gemeinsamkeiten
Unterschiede

Gütersloher Verlagshaus

Originalausgabe

Bibliographische Information Der Deutschen Bibliothek
Die Deutsche Bibliothek verzeichnet diese Publikation in der
Deutschen Nationalbibliografie; detaillierte bibliografische Daten
sind im Internet über http://dnb.ddb.de abrufbar

ISBN 3-579-03347-6
2. Auflage, 2004
© Quell / Gütersloher Verlagshaus, Gütersloh 2001

Umschlaggestaltung: KonturDesign, Bielefeld, unter Verwendung zweier
Fotografien von epd-bild/ostwestbild/Hahn
Satz: Rund ums Buch – Rudi Kern, Kirchheim/Teck
Druck und Bindung: Těšínská Tiskárna AG, Český Těšín
Gedruckt auf chlorfrei gebleichtem Werkdruckpapier
Printed in Czech Republic

www.gtvh.de

Inhalt

Vorwort

»Evangelisch – Katholisch«: Das deutet eine innerchristliche Buntheit und Lebendigkeit an. Eine Gleichförmigkeit der Kirchen und der Christen wäre öde und langweilig. Außerdem wäre sie ein Widerspruch zur Freiheit im Glauben und Denken: einer Freiheit, die gerade durch das Evangelium von Jesus Christus möglich geworden ist. Christliche und kirchliche Gleichförmigkeit wäre nur durch Gleichschaltung und damit durch Zwang zu erreichen.

»Evangelisch – Katholisch«: Die Vielfalt der Christen und der christlichen Kirchen ist schon von der Vielfalt der Menschen her sinnvoll. So wenig wie den Einheitschristen gibt es den Einheitsmenschen, sondern nur Menschen in ihrer Unterschiedlichkeit: Frauen und Männer, und zwar mit verschiedener Hautfarbe, Sprache, Nationalität, Kultur und Mentalität. Gerade diese Vielfalt macht den Reiz menschlichen Lebens aus, auch wenn sie zugleich Anlass zu Spannungen und Konflikten ist.

Man kann die Vielfalt christlicher Konfessionen und Kirchen (und auch die Vielfalt der Religionen) freilich nicht einzig und allein auf die Buntheit alles Lebendigen zurückführen. Wie im gesamten Bereich der Religion ist auch in der Christenheit samt ihren Unterschieden die Wahrheitsfrage ausschlaggebend, also die Frage nach dem Sinn des Daseins, nach Gott und danach, wie man Gott verstehen und glauben kann. Da kommt es zum Streit um die Wahrheit, um die bestmögliche Erkenntnis Gottes.

Innerchristlich wird es dabei nicht heißen können: Bei der einen Kirche ist alle Wahrheit, bei der anderen gar keine. Es wird sich eher um Annäherungen an die Fülle der Wahrheit handeln und um tastende Versuche, dem christlichen Gebot der Gerechtigkeit, der Liebe und der Wahrhaftigkeit so gut wie irgend möglich zu entsprechen.

In diesem Buch werden »evangelisch« und »katholisch« zunächst als zwei unverzichtbare »Aspekte« jeglichen Christseins verstanden: das Bestimmtsein vom Evangelium her und die Einbettung in der einen weltweiten Kirche Jesu Christi (evangelisch und katholisch »im weitesten Sinn«).

Sodann werden »evangelisch« und »katholisch« als zwei Grundhaltungen beschrieben, als unterschiedliche, aber einander nicht ausschließende »Akzente« (evangelisch und katholisch »im weiteren Sinn«). Hier geht es um die Frage, welche Instanz dazu fähig und bevollmächtigt ist, den Inhalt des Evangeliums (der christlichen Botschaft) zu erfassen und die Wahrheit des Evangeliums zu verbürgen. Sind das in erster Linie die einzelnen Christen? Oder ist es vorrangig die Kirche in Gestalt ihres Lehramtes?

Schließlich werden »evangelisch« und »katholisch« als alternative Konfessionsfamilien vorgestellt (evangelisch und katholisch »im engeren Sinn«). Dabei ist mit »katholisch« nicht nur die römisch-katholische Kirche gemeint, sondern darunter sind auch die romfreien katholischen Kirchen gefasst. Mit »evangelisch« ist nicht nur evangelisch-lutherisch oder evangelisch-reformiert gemeint, sondern die Gesamtheit der auf die Reformation des 16. Jahrhunderts hinführenden und der von ihr herkommenden Konfessionsfamilien.

Die christlichen Kirchen, wenigstens soweit sie zum »Hauptstrom der christlichen Überlieferung« gehören, verbindet weit mehr als sie trennt. So fällt die gemeinsame christliche Substanz stärker ins Gewicht als das jeweilige konfessionelle »Sondergut«, ohne dass dieses für geringfügig gehalten werden dürfte.

Unterschiede, die quer durch die katholischen und die evangelischen Konfessionsfamilien gehen, zeigen auf ihre Weise, dass die katholischen und die evangelischen Kirchen letztlich zusammengehören.

Zwischen den katholischen Kirchen (insbesondere der römisch-katholischen Kirche) und den evangelischen Kirchen ist das Verständnis der Kirche die entscheidende Differenz. Dies ist einer der Hauptgesichtspunkte dieses Buches.

Eine Gemeinschaft zwischen den Kirchen im Sinn einer »versöhnten Verschiedenheit« ist heute möglich und nötig. Dies ist ein weiterer Hauptgesichtspunkt.

1. Konfessionelle Vielfalt

Sind die Konfessionen überholt?

»Es verbindet die Christen der verschiedenen Konfessionen weit mehr, als sie trennt.« Das ist ein Grundsatz der ökumenischen Begegnungen geworden, und damit ein Grundsatz der Zusammenarbeit evangelischer und katholischer Christen. In der Tat ist die gemeinsame christliche Schnittmenge beträchtlich.

Wieso soll man sich dann noch mit Unterschieden oder gar Gegensätzen zwischen den christlichen Kirchen beschäftigen? Der Verdacht drängt sich auf, dabei würden bloß die alten Vorurteile aufgewärmt.

Im so genannten »christlichen Abendland« ist die Säkularisierung, also die Verweltlichung, weit fortgeschritten. Die einzelnen Lebensbereiche haben sich von kirchlicher Bevormundung befreit. Menschen, die dem Christentum distanziert gegenüberstehen, und Suchende, die einfach die christliche Botschaft kennen lernen wollen, halten die innerchristlichen Unterschiede häufig für nebensächlich. Der Streit darüber wirkt auf sie kleinlich. Die Frage lautet, ob man heute noch christlich glauben könne, und nicht, ob die evangelische oder die katholische Kirche mehr für sich habe.

Zur Säkularisierung kommt die Multireligiosität. Die Christen bilden auch in Europa heute eine religiöse Gruppe neben anderen. In der Begegnung von Christen etwa mit Muslimen wird das gemeinsam Christliche umso deutlicher. Wenn in dieser Begegnung die Einheit oder Dreieinigkeit Gottes, der Kreuzestod Jesu oder die Gottessohnschaft Jesu diskutiert werden, spielen »evangelisch« und »katholisch« keine Rolle.

Andererseits ist die Aufteilung der Christenheit in verschiedene Konfessionen eine Tatsache. Möglicherweise hat die Vielfalt christlicher Konfessionsfamilien und Kirchen auch einen guten Sinn. So lässt sich etwa aus dem Vergleich der Gemeinsamkeiten und Unterschiede zwischen den Konfessionen Aufschluss darüber gewinnen, was im Christentum wesentlich und unverzichtbar ist.

Auf die konfessionellen Spaltungen der abendländischen Christenheit im 16. Jahrhundert, im Zeitalter der Reformation und der Gegenreformation, folgten schreckliche Glaubenskriege zwischen Katholiken und Protestanten. Diese Zeiten sind vorbei: dank der Epoche der Aufklärung im 18. Jahrhundert, dank der ökumenischen Bewegung, die Mitte des 19. Jahrhunderts begann, und auch aufgrund der Säkularisierung, der Verweltlichung des Denkens und Handelns.

Die blutigen Auseinandersetzungen zwischen Protestanten und Katholiken in Nordirland während der letzten Jahrzehnte des 20. Jahrhunderts hingen nach außen hin sicher auch mit den Trennungen in verschiedene Konfessionen zusammen. Doch spielten hier eher soziale und wirtschaftliche Unterschiede eine Rolle. Man ist nie ganz dagegen gefeit, dass bestimmte politische Interessen von Staat zu Staat oder innerhalb eines Staates von Gruppe zu Gruppe, von Nationalität zu Nationalität religiös untermauert werden. Dann werden Religionsgemeinschaften und christliche Glaubensgemeinschaften für fremde Ziele instrumentalisiert.

Weniger ins Auge fallen heutzutage die alltäglichen Sticheleien, die es zwischen Angehörigen unterschiedlicher Kirchen gegeben hat und gibt: in der Nachbarschaft, in der Schule, von Dorf zu Dorf. Das ist menschlich-allzumenschlich. Es hängt psychologisch damit zusammen, dass man offensichtlich die anderen, die Fremden braucht, um ihnen gegenüber ein eigenes Profil zu gewinnen.

In manchen Ländern nützt immer noch eine christliche Konfession ihre starke Mehrheitsposition aus, um die anderskonfessionellen Minderheiten an der freien Entfaltung zu hindern. Dahinter stecken Machtbedürfnisse. Die eigene Gruppe soll gestärkt, die fremde Gruppe geschwächt werden. Alle wollen selbst auf die stärkere Seite gehören. Doch ist es in Ländern, in denen von der Verfassung her die Glaubensfreiheit garantiert ist, eher die Ausnahme, derartige Interessen ungebremst ausleben zu können.

Dauerthema »Gemischtkonfessionelle Familie«

Die Reizthemen zwischen Katholiken und Protestanten liegen nicht so sehr in strittigen Fragen des Glaubens und der Frömmigkeit, etwa in der unterschiedlichen Haltung zu Maria, der Mutter Jesu. Kritisch sind eher Berührungspunkte im Zusammenleben. Reizthemen sind besonders die gemischtkonfessionelle Familie, das gemeinsame Abendmahl und die gegenseitige Anerkennung der Kirchen.

In welcher Kirche sollen die Kinder getauft und erzogen werden, wenn Mutter und Vater verschiedenen Konfessionen angehören?

Die römisch-katholische Kirche hält Ehen zwischen katholischen und nichtkatholischen Christen nur dann für gültig, wenn sie katholisch getraut sind oder wenn ein kirchlicher Dispens (eine Befreiung) von dieser »Formpflicht« gewährt ist. Dieser Dispens wurde bis 1970 nur gegeben, wenn beide Partner sich schriftlich verpflichtet hatten, Kinder, die aus dieser Ehe hervorgingen, katholisch taufen zu lassen und katholisch zu erziehen. Inzwischen ist diese Vorschrift gemildert: Die Ehepartner haben sich schriftlich zu verpflichten, ihre Kinder katholisch zu taufen und zu erziehen, »soweit das in dieser Ehe möglich ist«. Es wird dann von der Informiertheit der Eltern und der Fairness der Priester abhängen, ob diese liberale Klausel auch wirklich bei den Beteiligten ankommt.

Jede Glaubensgemeinschaft legt Wert darauf, dass möglichst viele Kinder aus gemischtkonfessionellen Ehen in ihrer Glaubensweise aufgezogen werden. Sie hat verständlicherweise ein Interesse daran, weiter zu bestehen, statt auszusterben, nur weil andere Glaubensgemeinschaften in diesem Punkt strengere Bestimmungen haben.

Die »gemischtkonfessionelle Familie« ist erst dann als Reizthema vom Tisch, wenn alle Kirchen offene Bestimmungen haben, wonach es den Eltern wirklich freigestellt ist, in welcher Konfession sie ihre Kinder taufen und aufwachsen lassen.

Dauerthema »Gemeinsames Abendmahl«

Es verbindet die Kirchen weit mehr, als sie trennt. Das Verbindende liegt nicht in Nebensächlichkeiten, sondern in der Substanz des Glaubens, etwa im Glauben an Gott den Schöpfer, in der Nachfolge Jesu, in der inneren Gewissheit, von Gott angenommen zu sein, und in der Hoffnung auf ewiges Leben. Das müsste dann auch im gemeinsamen Gottesdienst seinen Ausdruck finden, und zwar auch im gemeinsamen Abendmahl bzw. in der »eucharistischen Gemeinschaft«. Denn das Abendmahl ist von Anfang an die verbindlichste Form des Gottesdienstes, an der nur teilnimmt, wem es mit seinem christlichen Glauben wirklich ernst ist.

Nun feiern in manchen Gemeinden evangelische und katholische Christen bereits gemeinsam das Abendmahl. »Gemeinsam« heißt dabei »gegenseitige eucharistische Gastfreundschaft«: Christen der einen Konfession nehmen gastweise an der Abendmahlsfeier der anderen Konfession teil und empfangen dabei die Kommunion, und das auf Gegenseitigkeit. »Gemeinsam« kann zusätzlich auch »Konzelebration« heißen: Geistliche mehrerer Konfessionen sprechen gemeinsam die Einsetzungsworte des Abendmahls. Oder der evangelische Geistliche spricht das Brotwort, der katholische das Kelchwort oder umgekehrt.

Diese Gemeinden nehmen etwas vorweg, was seitens der römisch-katholischen Kirche aber gar nicht erlaubt ist und was seitens der Ostkirchen erst recht nicht zulässig ist. Die römisch-katholische Kirche lehnt das gemeinsame Abendmahl mit der Begründung ab, man könne das Abendmahl nur dann miteinander feiern, wenn schon eine »Kirchengemeinschaft« gegeben sei. Mit »Kirchengemeinschaft« ist hier gemeint: Es besteht eine weitgehende Übereinstimmung im Glauben; die Kirchen haben ihre geistlichen Ämter (Bischof, Pfarrer, Diakon) gegenseitig als »gültig« anerkannt, so dass es auch zur uneingeschränkten Dienstaushilfe und zu einem weit reichenden Gastrecht kommen kann.

Ein Grund für den Wunsch nach Abendmahlsgemeinschaft ist praktischer Art: Die Mitglieder einer konfessionsgemischten Familie möchten miteinander uneingeschränkt an den Gottesdiensten der Kirchen teilnehmen können, zu denen die einen und die anderen gehören.

Dauerthema »Gegenseitige Anerkennung der Kirchen«

Ein Grundproblem im Verhältnis zwischen der römisch-katholischen Kirche und den reformatorischen (den aus der Reformation im 16. Jahrhundert hervorgegangenen) Kirchen liegt darin, dass die römisch-katholische Kirche in ihrer amtlichen Lehre den reformatorischen Kirchen abspricht, echte, vollgültige Kirchen zu sein. Sie seien nur »kirchliche Gemeinschaften«. Ihnen fehle nämlich die »apostolische Sukzession«, das heißt eine lückenlose Amtsnachfolge per Handauflegung von den Aposteln bis zu den heutigen Bischöfen. So hätten sie auch keine Geistlichen, die von diesen Bischöfen gültig geweiht seien. Damit aber könnten ihre Geistlichen die Eucharistiefeier (das Abendmahl) auch nicht gültig leiten. Eben diese Sicht wurde in »Dominus Iesus«, der Erklärung der Kongregation für die Glaubenslehre »über die Einzigkeit und die Heilsuniversalität Jesu Christi und der Kirche« vom 6. August 2000 im Abschnitt 17 noch einmal eingeschärft. Die von Kardinal Joseph Ratzinger unterzeichnete Erklärung sorgte für ökumenischen Wirbel und Ärger.

Die reformatorischen Kirchen ihrerseits legen Wert auf die »apostolische Tradition«, das heißt die Treue zu der Botschaft der Apostel Jesu. Die meisten reformatorischen Kirchen – anders die anglikanische Kirche – halten die »apostolische Sukzession« für theologisch nebensächlich und außerdem für eine unzutreffende Geschichtskonstruktion.

Häufig wird in der ökumenischen Begegnung der Ausdruck »Schwesterkirchen« benutzt. Die römisch-katholische Kirche erkennt die Ostkirchen als solche »Schwesterkirchen« an, weil sie die apostolische Sukzession bewahrt hätten. Den reformatorischen Kirchen dagegen spricht sie amtlicherseits bislang den Rang von »Schwesterkirchen« ab.

Umgekehrt verstehen die reformatorischen Kirchen sich selbst und die Kirchen der anderen Konfessionen als Teilkirchen der einen Kirche Jesu Christi. Sie erkennen also die römisch-katholische Kirche genauso wie sich selbst als »echte« Kirche an, weil sie eine Grundübereinstimmung im Glauben und im christlichen Leben voraussetzen. Doch ist diese volle Anerkennung bislang einseitig.

Mit dieser amtlichen römisch-katholischen Sicht, die evangelischen Kirchen seien mit erheblichen Mängeln behaftet und damit nur Kirchen zweiter Klasse, wird die praktische Zusammenarbeit zwischen der römisch-katholischen und den evangelischen Kirchen getrübt, mag sie mancherorts noch so freundschaftlich und geradezu selbstverständlich geworden sein.

Es gab noch nie ein ungeteiltes Christentum

Trotz dieser Dauerthemen ist als ein Ergebnis von 150 Jahren ökumenischer Bewegung die Erkenntnis festzuhalten: Gerade das, was die Christen verbindet, zum Beispiel das Gebot der Liebe, ist das, was auch christlich verbindlich ist. Und umgekehrt: Gerade das, was christlich verbindlich ist, zum Beispiel ganz und gar auf Gottes Barmherzigkeit angewiesen zu sein, ist auch das, was die Christen verbindet.

Christen aller Konfessionen (Bekenntnisgemeinschaften) und Denominationen (selbstständige Glaubensgemeinschaften) haben die Bibel des Alten und Neuen Testaments als ihre entscheidende Glaubensquelle. Sie glauben an Gott als den Schöpfer, den Erlöser und den

18

Vollender. Ihrer Überzeugung nach hat Gott sein wahres Wesen und seinen Willen maßgeblich in Jesus von Nazareth bekannt gemacht. Sie erwarten jenseits des Todes eine Vollendung in Gott und seinem künftigen Reich. Sie orientieren sich an den Geboten der Gerechtigkeit, der Liebe und der Wahrhaftigkeit, wie das in den Zehn Geboten und in der Bergpredigt festgehalten ist. Das alles ist für Christen der verschiedenen Konfessionen verbindlich, und das verbindet sie.

Im Neuen Testament ist die Einigkeit der Christen vorausgesetzt: Die Christen gehören zum einen »Volk Gottes« (1. Petrus 2,9), zum einen »Leib Christi« (1. Korinther 12,12-28), zum einen »Tempel des Heiligen Geistes« (1. Korinther 3,16; 6,19; 2. Korinther 6,16). Diese Einigkeit muss aber auch praktiziert werden: »Seid darauf bedacht, zu wahren die Einigkeit im Geist durch das Band des Friedens« (Epheser 4,3).

Allerdings wäre es geradezu geisttötend, gäbe es unter Christen in allem eine Einheitsmeinung, nur eine theologische Auffassung, nur eine Art der Frömmigkeit, nur eine Form des Gottesdienstes. Eine solche Uniformität wäre nur mit Zwang zu erreichen. Zwang widerspricht aber der Freiheit, die zum Wesen des Christentums gehört.

Sobald man versucht, die gemeinsamen Glaubensgrundlagen zeitgemäß zu verstehen und auf verständliche Weise weiterzugeben, sind bereits Unterschiede da. Schon im Neuen Testament finden sich ganz verschiedene Akzente und Betrachtungsweisen. Die ersten drei Evangelisten (Matthäus, Markus, Lukas) und die Apostel Paulus und Johannes haben verschiedene Denkweisen: eher jüdisch, indem das Gebot Gottes und die Geschichte Gottes mit seinem Volk im Vordergrund stehen, oder eher griechisch, indem die Vorstellungen von Gott und seiner Beziehung zur Welt in einen gedanklichen Zusammenhang gebracht werden. Zentrum der Verkündigung kann das Reich Gottes sein oder Kreuz und Auferstehung Jesu oder die Menschwerdung des ewigen Wortes Gottes (Johannes 1). Der Kreuzestod Jesu wird als heilbringend und erlösend verstanden, aber in verschiedenen Auslegungen: als sich hingebende Liebe, als stellvertretendes Leiden, als Sühnopfer oder als Sieg.

Erhebliche innerchristliche Unterschiede gab es schon längst vor der Aufgliederung in katholische und evangelische Kirchen, die im 16. Jahrhundert begann. Die Unterschiede beschränkten sich nicht auf theologische Meinungsverschiedenheiten. Es kam auch zu einer Mehrzahl von Kirchenorganisationen, die nebeneinander bestanden oder sich auch gegenseitig bekämpften.

Jesus von Nazareth rief Menschen in seine Nachfolge. Das geschah noch im Rahmen des Judentums. Der irdische Jesus erwartete das unmittelbar bevorstehende Reich Gottes und sah keine Notwendigkeit, eine eigenständige christliche Religionsgemeinschaft zu gründen. Doch bildete sich nach Jesu Hinrichtung und nach seinen Erscheinungen vor seinen Jüngern eine Gemeinde von Anhängern Jesu, die allmählich aus dem Verband der jüdischen Mutterreligion ausgeschlossen wurde und sich damit zu einer neuen Religion entwickelte.

Schon in der Urgemeinde in Jerusalem kam es zu Polarisierungen, und zwar zwischen geborenen Juden aus Palästina und solchen aus dem griechischen und ägyptischen Kulturkreis (Apostelgeschichte 6). Müssen »Heiden«, die zum Glauben an Jesus Christus kommen und sich der christlichen Gemeinde anschließen, zuerst Juden werden? Sind sie also auf das ganze jüdische Gesetz zu verpflichten? Eine extreme Gruppe in der Urgemeinde war dieser Meinung. Dahinter standen mehrere Fragen: Welche Rolle spielt das Volk Israel für die Geschichte Gottes mit der Menschheit? Ist das Gesetz des Mose in allen Einzelheiten für alle Menschen gültig, die zum Volk Gottes gehören wollen? Was bedeutet die Freiheit, die aus dem Glauben an Jesus Christus kommt?

Jakobus, der Bruder Jesu, war ab 44 bis zu seinem Märtyrertod um 64 Leiter der Jerusalemer Urgemeinde. Er gestand dem Missionar Paulus zu, Heiden, die getauft wurden, nicht auf das jüdische Gesetz zu verpflichten (Galater 2,1-9). Er selbst sah sich aber nur für die Mission unter Juden zuständig, und diese wurde von Petrus geleitet. Beide Richtungen lebten sich in der nachapostolischen Zeit weiter auseinander. Die eine Kirche, den einen »Leib Christi«, gab es dann nur in getrennten heidenchristlichen, frühkatholischen, »großkirchlichen« und andererseits in immer schwächeren judenchristlichen (ebionitischen) Gemeindeverbänden.

Anscheinend waren in der Christenheit von Anfang an Differenzen unvermeidlich. So bedurfte es bestimmter Instrumentarien, um doch die Gemeinschaft im einen Leib Christi aufrecht zu erhalten: vor allem das gemeinsam gefeierte Abendmahl (1. Korinther 1,17-29) sowie die Synode, die Versammlung von Leitern verschiedener Gemeinden. Urbeispiel einer repräsentativen Kirchenversammlung ist das Jerusalemer Apostelkonzil, das um die Jahre 48 und 49 abgehalten wurde, um einen Konsens zu erreichen (Galater 2,1-10; Apostelgeschichte 15,1-35). Ein weiteres Instrumentarium der Einheit wurde von Paulus entwickelt. Er sammelte auf seinen Missionsreisen Geldspenden für die Jerusalemer Urgemeinde, um auf diese Weise den geistlichen Zusammenhang der Tochtergemeinden mit der Muttergemeinde zu dokumentieren. Ferner waren Besuche von der einen zur anderen Gemeinde und die dabei gewährte Gastfreundschaft ein wichtiges Bindeglied, um den Zusammenhalt in der einen Kirche Jesu Christi auszudrücken (3. Johannes).

In den ersten Jahrhunderten der Geschichte des Christentums bildeten sich von der katholischen Großkirche und damit vom Bischof von Rom (ab ungefähr 450 dem Papst) unabhängige Kirchen: etwa die Markioniten (150 bis 400: jenseitiger guter Gott, daneben böser Weltschöpfer), die Montanisten (200 bis 700: nahes Weltende) und die Donatisten (nach 300 bis 600: ethisch rigoros). Sie hatten eigene, vom Bekenntnis der Großkirche abweichende Lehren oder Gebote. Sie galten als Häretiker (Ketzer, Irrlehrer). Die Großkirche brach die Gemeinschaft mit ihnen ab und sah sie auch nicht als Anfrage an die Einheit der Kirche an. Sie gehörten eben nicht mehr dazu.

Dasselbe galt für die Arianer (325 bis 600). Diese gingen auf den Presbyter Arius (um 260-336) zurück. Er hielt Jesus Christus für ein Zwischenwesen zwischen Gott und Mensch: weniger als Gott, aber mehr als ein gewöhnlicher Mensch (also nicht, wie die Großkirche, Gott und Mensch zugleich). Die arianische Kirche, zu der auch der gotische Bischof Wulfila gehörte, war über Jahrhunderte unter den Germanen erfolgreich und bildete bis etwa 500 eine gewisse Konkurrenz zur katholischen Großkirche.

In ähnlicher Weise konnte sich die abendländische Kirche im späteren Mittelalter der Herausforderung durch die Katharer (um 1140 bis 1400: asketische Lebensführung), die Waldenser (ab 1180: Leben nach der Bergpredigt) und die Hussiten (ab 1415: demokratische Bestrebungen) entziehen: Sie galten als Häretiker und wurden blutig verfolgt.

Auch wer die »Häretiker« nicht zum echten Christentum zählt und deshalb die »häretischen« Kirchen nicht als ein Argument dafür gelten lässt, dass es noch nie ein ungeteiltes Christentum gegeben hat, bekommt Schwierigkeiten angesichts jener Kirchen, die sich von der Großkirche verselbständigten, ohne dass ihnen von dieser die Rechtgläubigkeit in nennenswertem Ausmaß abgesprochen werden konnte. Diese Kirchen sind nicht »häretisch«, sondern nur »schismatisch«, das heißt von der Großkirche abgeschnitten und rechtlich eigenständig. Das waren in der Alten Kirche vor allem die »altorientalischen« Kirchen: die Nestorianer (ab 431: Jesus war Mensch im Vollsinn und als solcher nicht Gott) und die Monophysiten (ab 451: Jesu Menschsein ist von seiner Gottheit durchdrungen).

Die altbritische Kirche, die sich im 4. Jahrhundert bildete, sowie die iroschottische Kirche mit Patrick (5. Jahrhundert) und Columba dem Älteren (6. Jahrhundert) waren organisatorisch vom Bischof von Rom unabhängig und hatten ihre eigenen Gebräuche und Strukturen. So zeichnete sich die iroschottische Kirche durch strenge Askese und durch Wandermönche aus. Ihre Zentren waren Klöster. Diese Kirche wurde von Äbten geleitet. Beide Kirchen wurden erst im 7. Jahrhundert der rechtlichen Oberherrschaft (Jurisdiktion) Roms unterstellt.

1054 kam es dann zum großen Schisma, zur Kirchenspaltung zwischen der abendländisch-katholischen Kirche und der orthodoxen Kirche des Morgenlandes. Theologische Meinungsverschiedenheiten gaben nicht den Ausschlag, sondern wurden höchstens zur Rechtfertigung des Bruchs herangezogen. Im Vordergrund standen Fragen der Frömmigkeit (die Bilderverehrung) und der kirchlichen Macht: Wer hat in der Gesamtkirche das Sagen, der Bischof von Rom oder der Patriarch von Konstantinopel?

Der Blick in die Kirchengeschichte zeigt: Die eine Kirche Jesu Christi hat es nie anders als in verschiedenen Ausgestaltungen gegeben. Die Ausgestaltungen müssen nicht immer nach dem Muster »evangelisch und katholisch« erfolgen. Dieses Muster ist erst seit dem 16. Jahrhundert beherrschend geworden.

Zusammenfassend lässt sich sagen: In der Christenheit bestehen nebeneinander organisatorisch selbstständige »Denominationen« (Glaubensgemeinschaften). Meistens halten sich die einzelnen Denominationen zur einen oder anderen »Konfession« (Bekenntnisgemeinschaft). Die »Konfessionen« heben sich in ihrem verbindlich festgelegten »Bekenntnis« (lateinisch: *confessio*) voneinander ab.

Gemeinsam sind fast allen christlichen Konfessionen und Denominationen die altkirchlichen Glaubensbekenntnisse: das Nizänische Bekenntnis von 381 (nach seiner Vorstufe von 325) sowie das Apostolische Glaubensbekenntnis (seit dem 6. Jahrhundert nachweisbar), das zwar in den Ostkirchen nicht benutzt, aber seiner Substanz nach auch von ihnen bejaht wird.

Die Konfessionsfamilien haben dazu ihre jeweils eigenen Bekenntnisse, auf alle Fälle ihre spezifischen Leitgedanken oder Grundsatzerklärungen. So hat die evangelisch-lutherische Konfessionsfamilie eine eigene Sammlung von »Bekenntnisschriften«. Die römisch-katholische Kirche kennt ein »Bekenntnis des Tridentinischen Glaubens« (*Professio fidei Tridentinae von 1564*) und einen »Römischen Katechismus« (*Catechismus Romanus von 1566*).

Alle Kirchen sind der Wahrheit verpflichtet

Wer in die Begegnung der Konfessionen die »Wahrheitsfrage« einbringt, setzt sich leicht dem Verdacht aus, gerade damit die weitere Verständigung und Verbindung unter den Christen bremsen zu wollen. In der Tat wird zuweilen die »Notbremse« der Wahrheit gezogen, wenn man sich weiterer Gemeinschaft entziehen will: Die volle Wahrheit sei doch nur in der eigenen Kirche zu finden.

Die Wahrheit ist aber nicht in einer Ansammlung von Lehraussagen und Dogmen ein für allemal zu fassen. Die Wahrheit ist im Grunde Gott selbst. Er ist der Urgrund

24

und das Ziel von allem. »Offenbarung Gottes« oder »Wort Gottes« bedeutet: Der Schöpfer aller Dinge und Wesen hat sein wahres Gesicht gezeigt, und zwar nach christlicher Überzeugung zentral und einzigartig in Jesus von Nazareth, in seinem Verhalten und seiner Verkündigung, seinem Leiden und Sterben und seinem bleibenden Leben jenseits der Schwelle des Todes.

Grundsätzlich ist zu sagen: Die christlichen Kirchen und alle Religion könnte man vergessen, ginge es hier nicht in erster Linie um die Wahrheit. Im religiösen Bereich meint »Wahrheit« vor allem: was über alle Vergänglichkeit hinaus bleibt; den Sinn des gesamten Daseins sowie des einzelnen persönlichen Lebens; was gilt und was damit von den Menschen auch gefordert ist.

Ist Gott selbst die Quelle und der Garant der Wahrheit, dann gilt für Menschen, die Gott vertrauen und ihn zu begreifen suchen, das Gebot, wahrhaftig (wahrheitsliebend) zu sein. Ferner folgt daraus die Überzeugung, dass keine Wahrheit in den Bereichen von Natur, Menschenleben, Geschichte und Kultur der Wahrheit im religiösen Sinn widersprechen kann. Nichts, »was der Fall ist«, und nichts Echtes, Bedeutungsvolles, Hilfreiches, was Menschen geschaffen haben, kann die Macht widerlegen, von der alles kommt, die alles erst ermöglicht und alles trägt und auf die alles hinausläuft.

So verstanden, ist die religiöse Wahrheit zugleich eine Hilfe zum Leben, die sich in allem Glück und Leiden bewährt. Denn die Menschen sind auf die Wahrheit angelegt, der sie sich verdanken. Deshalb finden sie erst dann innere Erfüllung, wenn sie diese Wahrheit zu begreifen suchen und sich bemühen, ihr im eigenen Leben zu entsprechen.

Vom »Vorbehalt« der Wahrheit her legt sich eine innerchristliche Vielfalt nahe: Niemand hat das Geheimnis Gottes in der Hand. Gott und sein Wort übersteigen menschliches Begreifen. Auch die frömmsten Menschen bleiben hinter der vollen Wahrheit zurück: »Wir sehen jetzt durch einen Spiegel ein dunkles Bild; dann aber von Angesicht zu Angesicht. Jetzt erkenne ich stückweise; dann aber werde ich erkennen, wie ich erkannt bin« (1. Korinther 13,12).

Zusammenfassung

Das Christentum stellt sich seit seinen Anfängen in verschiedenen Ausformungen, Richtungen und Gruppen dar. Damit ist nicht gesagt, derartige Unterschiede seien das Wichtigste am Christentum. Das »Wesen des Christentums« liegt im dreieinigen Gott, in seiner Offenbarung in Jesus Christus (dem »Wort Gottes«) und in den daraus folgenden christlichen Fundamentalartikeln.

Die Verschiedenheit der Konfessionen ergibt sich aus unterschiedlichen Denkweisen und Erfahrungen. Die Alternative wäre eine totalitäre Uniformität, ohne die Freiheit der persönlichen und selbstverantworteten Aneignung des Wortes Gottes. Nichttheologische Faktoren bei der Bildung von Konfessionen (Bekenntnisgemeinschaften) und Denominationen (selbstständigen Glaubensgemeinschaften) sind das Bedürfnis nach Abgrenzung von Fremdem sowie das Machtstreben Einzelner oder ganzer Gruppen. Der entscheidende theologische Faktor ist die Wahrheitsfrage: das Bestreben, das Wort Gottes, das menschliches Begreifen übersteigt, möglichst angemessen zu erfassen und ihm im eigenen Leben glaubwürdig zu entsprechen.

2. Evangelisch und katholisch: unverzichtbare Merkmale jeglichen Christseins

– »Evangelisch« und »katholisch« im weitesten Sinn –

Evangelischer und katholischer Aspekt

Wirkliche, einander ausschließende Alternativen sind »evangelisch« und »katholisch« erst dort, wo man einer bestimmten Kirche angehört, bei den kirchlichen Gestaltungen, den Kirchenorganisationen (»Kirchentümern«). Man ist entweder Mitglied einer katholischen oder einer evangelischen Kirche.

Dabei ist »evangelisch« und »katholisch« weiter zu spezifizieren. Kirchen katholischen Typs sind neben der zahlenmäßig übermächtigen römisch-katholischen Kirche die verschiedenen Ostkirchen (orthodoxe und alt-orientalische Kirchen) und die altkatholische Kirche. Kirchen evangelischen Typs sind die reformatorischen Konfessionsfamilien: Lutheraner; Reformierte (Presbyterianer und Kongregationalisten); Evangelisch-Unierte; Anglikaner (dabei ist die anglikanische Kirche eine Art Mischung: »evangelisch« in ihrer reformatorischen Lehre, ihrer Freiheit des Glaubens und Denkens und der problemlosen Gewährung eucharistischer Gastfreundschaft, »katholisch« in ihrer bischöflichen Verfassung und der auch von ihr beanspruchten »apostolischen Sukzession«); Mennoniten; Baptisten (dazu die Darbysten); Quäker; Brüderunität (Herrnhuter, Moravians); Methodisten; Disciples of Christ (Jünger Christi); Freie evangelische Gemeinden; Heilsarmee; Pfingstbewegung (dazu die unabhängigen afrikanischen Kirchen); Adventisten; christliche Unitarier.

Diese Aufzählung weist darauf hin, dass »katholisch« als Konfessionsbezeichnung nicht auf die römisch-katholische Kirche beschränkt ist. Auch die zahlenmäßig kleinen altkatholischen Kirchen sind »katholisch« im Sinn der apostolischen Sukzession und werden so auch von der römisch-katholischen Kirche anerkannt. Die Ostkirchen haben gegenüber den abendländischen Kirchen, zu denen auch die evangelischen (reformatorischen) Kirchen gehören, eigene Denkweisen und Frömmigkeitsformen entwickelt, sind aber eindeutig katholisch mit ihrer bischöflichen Verfassung, der sonntäglichen Eucharistiefeier, den sieben Sakramenten und der ausgeprägten Marienverehrung.

Zunächst aber, und grundsätzlich gesehen, besteht zwischen »evangelisch« und »katholisch« gar kein Entweder-Oder. In einem weitesten Sinn verstanden, müssen Christen vielmehr immer zugleich evangelisch und katholisch sein. Andernfalls ist ihr Glaube mit erheblichen Mängeln behaftet. »Evangelisch« und »katholisch« sind nämlich unverzichtbare Merkmale jeglichen ernsthaften persönlichen Christseins und aller (echten) christlichen Kirchen. Man mag einer katholischen oder einer evangelischen Kirche angehören, so darf man doch weder im einen noch im anderen Fall auf den evangelischen oder auf den katholischen Aspekt verzichten.

Dafür gibt es Vergleiche im täglichen Leben: Jeder Mensch, ob Mann oder Frau, hat in seinem Seelenleben einen weiblichen und einen männlichen Anteil, wenn auch in unterschiedlicher Gewichtung. In der Elektrizität spricht man von zwei Polen: Ohne die Spannung zwischen Minuspol und Pluspol fließt kein Gleichstrom. Mit einem Pol allein gibt es noch keine Bewegung.

»Evangelisch« bedeutet vom Wortsinn her, auf das Evangelium ausgerichtet zu sein, also auf die frohe Botschaft von Jesus als dem Christus. »Katholisch« bedeutet:

über die ganze bewohnte Erde verbreitet (griechisch: *kat holen ten gen* = über die ganze Erde), universal, das Ganze umfassend. Eben diesen weitesten Sprachgebrauch hat es in der Kirchengeschichte immer auch gegeben.

So forderten religiöse Bewegungen im Mittelalter, mit zeitweilig kirchenkritischem Unterton, eine »evangelische und apostolische Lebensweise« (*vita evangelica et apostolica*). Die drei Vorschriften für die klösterliche Existenz, Armut, Gehorsam und Keuschheit, wurden »evangelische Räte« (Ratschläge) genannt, und das heißt: aus dem Evangelium entnommene Lebensregeln, die doch nicht als Vorschrift für alle Christen, sondern als Empfehlungen zu verstehen sind.

»Katholische Briefe« ist eine Sammelbezeichnung für verschiedene Schriften des Neuen Testaments: Jakobusbrief, Judasbrief, die beiden Petrusbriefe, die drei Johannesbriefe. Sie werden »katholisch« genannt, weil sie keinen speziellen Adressaten haben und anscheinend an die gesamte Kirche gerichtet sind.

Im erweiterten Nizänischen Bekenntnis von 381 (dem Nicaeno-Constantinopolitanum), dem maßgebenden Glaubensbekenntnis der Gesamtchristenheit, werden im dritten Artikel (der vom Heiligen Geist handelt) der Kirche vier Merkmale zugeschrieben. Sie ist die »eine, heilige, katholische und apostolische« Kirche. Da »katholisch« häufig missverstanden wird, als sei hier in exklusiver Weise »römisch-katholisch« gemeint, ist im deutschen (anders als etwa im angelsächsischen) Sprachraum in der Fassung der evangelischen Kirchen »katholisch« mit »allgemein« wiedergegeben. Im »Apostolikum«, dem Apostolischen Bekenntnis der abendländischen Christenheit, ist von der »heiligen, katholischen Kirche« die Rede. Hier wird in der deutschsprachigen Fassung der evangelischen Kirchen »katholisch« mit »christlich« übersetzt.

Unter den vier Merkmalen der Kirche im Nizänischen Bekenntnis kommt »katholisch« vor, aber nicht ausdrücklich »evangelisch«. Doch findet sich »evangelisch« der Sache nach in dem Eigenschaftswort »apostolisch«: Die Kirche ist auf das Zeugnis der Apostel angewiesen. Erbaut ist sie »auf den Grund der Apostel und Propheten, da Jesus Christus der Eckstein ist« (Epheser 2,20). Auch das Merkmal »heilig« hängt mit »evangelisch« zusammen. Die Christen und die Kirche als die Gemeinschaft der Christen sind »heilig«. Sie sind zwar oft genug von Gott entfremdet und werden damit schuldig. Doch werden sie »geheiligt«, von der Last ihrer Schuld gereinigt, erneuert, befreit. Eben dies können sie nicht aus sich selbst, aus eigenen Kräften leisten, sondern das ist das Werk des göttlichen Geistes. Die »Heiligung« der Christen und der Kirche ist in der Gnade Gottes begründet. Diese hat in Jesus Christus Gestalt gefunden und wird im Evangelium zugesprochen.

»Katholisch« ist die Kirche, da sie mindestens der Absicht nach den ganzen Erdkreis, die ganze Menschheit umspannt. Das Merkmal »eins« gehört zum Merkmal »katholisch«. Die Kirche ist zwar am einzelnen Ort die jeweilige Gemeinde, die sich zum Gottesdienst versammelt. Aber die einzelne Gemeinde steht im Zusammenhang der weltweiten einen Christenheit.

Der »evangelische« Aspekt unterstreicht das Bezogensein auf das Evangelium. Die Christen und die Kirche leben in ihrem Glauben aus der frohen Botschaft von Jesus als dem Christus und damit aus Gott selbst, der Menschen in seinem Wort anredet. Dieses Wort Gottes fordert auf, das Gute zu tun, und sagt zugleich Gottes überraschende Gnade zu, seine unverdiente Barmherzigkeit. »Evangelisch« heißt also, auf Gott und seine Wahrheit ausgerichtet zu sein.

Der »katholische« Aspekt bezeichnet die Gemeinschaft, die sich von Gottes Gnade und Barmherzigkeit treffen lässt und die seinem Gebot der Liebe zu entsprechen sucht. Christsein gibt es nicht ohne die Gemeinschaft der Glaubenden, das heißt ohne die Kirche. »Ich statuiere kein Christentum ohne Gemeinschaft«, sagte der Protestant Nikolaus Graf von Zinzendorf (1700-1760), der Begründer der Herrnhuter Brüderunität.

Evangelischer und katholischer Aspekt entsprechen der Jenseitigkeit Gottes (seiner Transzendenz) und andererseits seiner Zuwendung zu den Menschen (seiner Immanenz). Das Wort der Wahrheit ist das eine, dessen Gestaltung in einer Gemeinschaft mit ihren Überlieferungen, Symbolen, Ritualen und Gebräuchen ist das andere. Im evangelischen Aspekt geht es um das Wort Gottes, im katholischen Aspekt um die Kirche Jesu Christi. Wort Gottes und Kirche gehören zusammen. Wie es im Menschsein den Geist nicht ohne den Leib gibt, so muss die christliche Botschaft mit den Sinnen erfasst werden können, in Formen, die man praktizieren kann, in Gestaltungen, an denen man teilhaben kann.

Im Allgemeinen werden die Eigenschaftswörter »evangelisch« und »protestantisch« austauschbar verwendet. Allerdings liegt im Gebrauch des Wortes »protestantisch« häufig vom Gefühl her ein gewisser Abstand zum Katholischen. Doch ist es von der Sache her nicht berechtigt, den Protestantismus (im Sinn eigener reformatorischer Konfessionsfamilien und Denominationen) vom Protest gegen den Katholizismus aus zu bestimmen. Das lateinische Tätigkeitswort »protestari« bedeutet, etwas zu bekennen, für etwas Zeugnis abzulegen, nämlich für das Wort Gottes, für die Wahrheit. Die Grundlage des »Protestantismus« ist die gemeinsame christliche Substanz. Erst auf dieser Basis ist dann das »protestari« auch ein Protestieren, also ein um der Wahrheit willen Ablehnen dessen, was dieser Wahrheit widerspricht. Die »Protestation« der evangelischen Reichsstände vom 20. April 1529 (daher die Begriffe »protestantisch« und »Protestantismus«) war ein Protest gegen den Plan Kaiser Karls V., den Anhängern der Reformation unter den Reichsständen die freie Entscheidung über ihre Religionsausübung zu verweigern.

Die Basis dieser »Protestation« war die Glaubensfreiheit, die damals freilich noch nicht im Blick auf die einzelnen Bürger, sondern nur auf die Herrschenden gesehen wurde: »Ein jeder hat in Dingen, die Gottes Ehre, das Heil unserer Seele und Seligkeit angehen, für sich selbst vor Gott zu stehen und Rechenschaft zu geben; hier kann sich also keiner mit (Berufung auf) Verhandlung oder Beschluss einer Minderheit oder Mehrheit entschuldigen.«

Der deutsch-amerikanische evangelische Theologe Paul Tillich (1886-1965) verstand die »katholische Substanz« und das »protestantische Prinzip« als unverzichtbare, einander ergänzende und zugleich in fruchtbarer Spannung zueinander stehende Aspekte des Christlichen. Das »protestantische Prinzip« meint bei Tillich das Erste Gebot, die Wahrung der Absolutheit Gottes, den Protest gegen alle Vergötzungen von Irdischem, auch gegen alle Verabsolutierungen kirchlicher Gestaltungen. Was Tillich die »katholische Substanz« nannte, ist in unserer Konzeption die »gemeinsame christliche Grundlage«. Im Grunde gehört aber auch Tillichs »protestantisches Prinzip« in diese gemeinsame christliche Grundlage hinein und dient hier als Maßstab, um Wesentliches von Nebensächlichem zu unterscheiden und nicht alles Beliebige in dem Strom der maßgeblichen christlichen Überlieferung mitfließen zu lassen.

Geistchristentum

Man mag fragen, ob die Polarität von evangelisch und katholisch der Gesamtchristenheit in allen ihren Ausformungen und Verästelungen angemessen ist. Ist das ein zu grobes Raster, das manchen christlichen und kirchlichen Gestaltungen nicht gerecht wird? Fügt sich etwa ein »Geistchristentum«, das heute zunehmend Anhänger findet, in diese Polarität ein? Oder muss hier der evangelische und der katholische Aspekt durch einen dritten, nämlich einen »spiritualistischen« (geistbetonten) Aspekt erweitert werden?

Im »Geistchristentum«, das in sich freilich ganz uneinheitlich ist, geht es immer um das Wirken des göttlichen Geistes im menschlichen Geist.

Eine erste Gestalt des Geistchristentums ist die Mystik (vom griechischen *myein*, »die Augen schließen«), eine religiöse Verinnerlichung und Vertiefung, die sich durch alle Epochen der Christentumsgeschichte und der Religionsgeschichte hindurchzieht. Die Mystik sucht die Gemeinschaft und sogar die Vereinigung mit dem Göttlichen – die *unio mystica*, die mystische Vereinigung. Dabei setzt sie voraus, dass in der menschlichen Seele selbst eine Antenne für das Göttliche gegeben sei, ein Punkt der Identität (des Einsseins) des Menschen mit dem allumfassenden göttlichen Geheimnis, eine Art göttlicher »Seelenfunken« (nach Meister Eckhart). Christliche Mystik will den Christus, das Mensch gewordene Wort Gottes, im eigenen Inneren als den »Christus in uns« (nach Galater 2,20 und 4,19) erfahren. Wie Jesus Christus einmal als Mensch geboren wurde, so soll er in einer »Gottesgeburt in der Seele« immer aufs Neue in den Menschen geboren werden.

In der Mystik wird das Konkrete, das Institutionelle, das Dogma, die Kirchenlehre als etwas nur Vorläufiges überschritten. Die Mystik strebt etwas an, das mit dem allem nur unvollkommen angedeutet sei: das göttliche Geheimnis (*mysterium*), das sich allen Festlegungen entziehe, aber doch im menschlichen Geist geahnt und erfahren werden könne, sofern sich dieser dem göttlichen Geist öffne.

Eine zweite Gestalt des Geistchristentums ist der »Spiritualismus«. Er bildete im 16. Jahrhundert den »linken« oder »radikalen« Flügel der Reformation und schlug sich kaum in eigenen Kirchenorganisationen nieder. Andreas Karlstadt (1480-1541), Kaspar Schwenckfeld (1499-1561), Sebastian Franck (1499-1542) und Valentin Weigel (1533-1588) waren wichtige Vertreter. Sie sahen das Wort der Bibel als etwas Äußeres an. Erst im »inneren Wort« des geistergriffenen Christen könne das Bibelwort in seinem Erfahrungswert und seinem Wahrheitsgehalt begriffen werden.

Die Mystiker bewegen sich häufig ohne größere Schwierigkeit im kirchlichen Rahmen, freilich mit dem Vorbehalt, die Kirche samt ihren Glaubensurkunden und Bekenntnissen sei vorläufig und könne nur auf das göttliche Geheimnis hinweisen, das alles menschliche Begreifen übersteige. Meister Eckhart (um 1260-1328), Johannes Tauler (um 1300-1361) und Heinrich Seuse (1295-1366) waren Priester und gehörten zum Dominikanerorden. Die Spiritualisten dagegen sondern sich eher von kirchlichen Lehren und Ordnungen ab, weil diese zu sehr auf zeitbedingte Formulierungen und Gesetze festgelegt seien und sich damit dem freien Wirken des göttlichen Geistes widersetzten.

Kurz nach 1900 bildete sich als eine dritte Gestalt des Geistchristentums die Pfingstbewegung heraus. Sie hat im Lauf des 20. Jahrhunderts vor allem in Lateinamerika und Afrika so stark zugenommen, dass man hier von der am stärksten wachsenden Gruppe nicht nur im Protestantismus, sondern in der Weltchristenheit spricht. Der Pfingstbewegung verwandt ist die »Charismatische Bewegung«, die seit etwa 1960 in evangelischen und katholischen Kirchen Fuß gefasst hat.

In dieser Art von Geistchristentum, das stark bibelbezogen ist, werden urchristliche »Geistesgaben« (Charismen) neu gepflegt: insbesondere Krankenheilung, prophetische Rede und Zungenrede. Der Lobpreis Gottes steht im Mittelpunkt des Gottesdienstes. Das Wirken des Heiligen Geistes an Leib und Seele wird erfahren.

Auch für das »Geistchristentum« in seinen verschiedenen Spielarten trifft zu, dass das Christsein und die Kirchen ohne den evangelischen und den katholischen Aspekt nicht auskommen. Die Mystiker, die Spiritualisten, die Pfingstler und die Charismatiker richten sich auf Gott aus, auf seine Jenseitigkeit. Das ist der evangelische Aspekt. Sie betonen dabei, dass sie selbst unmittelbar und unvertretbar vor Gott stehen und ihn persönlich erfahren, indem sie vom Heiligen Geist ergriffen werden. Das ist ein stark persönliches, individuelles Verhältnis zu Gott und eine eher »evangelische« Haltung – »evangelisch« verstanden im weiteren Sinn des Wortes, als Akzent.

Soweit die Anhänger eines Geistchristentums religiöse Einzelgänger sind, die sich von jeglicher Glaubensgemeinschaft distanzieren, vernachlässigen sie den »katholischen« Aspekt. Die Pfingstler und die Charismatiker aber praktizieren die Geistesgaben gerade in der Gruppe, in der Gemeinde, und damit kennen sie durchaus den Aspekt der Gemeinschaft, also den katholischen Aspekt.

Einseitigkeiten verzerren das Christsein und die Kirchen

Im Spiritualismus besteht eine Neigung, die Kirche und auch den Bibeltext gering zu schätzen. Das Wort der Wahrheit sei eben in erster Linie in uns selbst zu finden, und die Kirche sei eine autoritäre, der Freiheit des Geistes keinen Raum lassende Institution. Damit ist der evangelische wie der katholische Aspekt gefährdet. Das Ergebnis ist Willkür, Subjektivismus oder, wie es die Reformatoren nannten, »Schwärmerei« (unvernünftige Begeisterung, Enthusiasmus).

Die persönliche Glaubenserfahrung greift tiefer als ein Wort, das lediglich von außen als verbindlich vorgegeben wird, dabei aber im Gewissen und im Wahrheitsbewusstsein gar nicht einleuchtet. Doch ist das biblische Wort ein Maßstab, der davor bewahrt, eigene Wünsche und Lieblingsgedanken als Eingebungen des Heiligen Geistes zu verstehen.

Eine Gemeinschaft von Glaubenden, deren Botschaft durch die Generationen hindurch bekannt, gegenwärtig und wirksam bleiben soll, kommt nicht ohne Organisation, Geschichten, Traditionen, Symbole und Rituale aus. Allerdings ist die Kirche als konkrete Gemeinschaft von Glaubenden nicht nur in einer einzigen institutionellen Gestalt, einer einzigen Kirchenorganisation zu finden, sondern in einer Vielzahl von Konfessionen und Denominationen.

Im Protestantismus gibt es Strömungen, die auf die Kirche mehr oder weniger verzichten wollen. Die Idee eines »Christentums ohne Kirche« findet manchen Beifall. Man mag dabei an einige große Geister denken, die sich dem Christentum verpflichtet wussten, aber betont unkirchlich waren, etwa der Dichter Johann Wolfgang von Goethe (1749-1832) mit seiner Frömmigkeit der Ehrfurcht vor dem Göttlichen, oder der Philosoph Karl Jaspers (1883-1969) mit seinem »philosophischen Glauben«. Der Verzicht auf den katholischen Aspekt, auf die weltweite Glaubensgemeinschaft, führt allerdings im Lauf der Zeit zu einer Verdünnung der christlichen Substanz. Um Christ zu werden, braucht man die Kirche. In Gestalt christlicher Glaubenszeugen gibt sie die Botschaft von Jesus Christus weiter, mit Worten und mit Beispielen gelebten Christseins. Um Christ zu bleiben, braucht man Mitchristen, mit denen man sich austauscht, von denen man lernt und sich korrigieren lässt und denen man vielleicht auch selbst etwas Wichtiges zu sagen hat. Sonst entwickelt sich die christliche Botschaft zur rein privaten und schließlich unverbindlichen Weltanschauung.

Umgekehrt meinen manche Kirchenmitglieder, sie seien mit der Kirche, mit einer Gemeinschaft von freundlichen Menschen in der Kirchengemeinde gut genug bedient. Sie fühlen sich in einer christlichen Gruppe wohl, doch sie selbst fragen nicht nach dem Wort der Wahrheit. Dann aber wird die Gemeinschaft austauschbar. Auch in einem Sportverein, einer Gewerkschaftsgruppe, dem Ortsverein einer Partei oder einer Bürgerinitiative kann man nette Leute treffen. Warum muss es gerade die Kirche sein? Doch deshalb, weil die Kirche eine bestimmte Botschaft vertritt und sich unter diese Botschaft stellt.

Zusammenfassung

»Evangelisch« und »katholisch«, im weitesten Sinn verstanden, sind zwei unverzichtbare und einander ergänzende Merkmale des Christseins und der Kirche. »Evangelisch« bedeutet das Bestimmtsein vom Evangelium, vom Wort Gottes, »katholisch« die weltweite (ökumenische) Gemeinschaft derer, die sich vom Evangelium treffen lassen. So verstanden muss das Christentum immer zugleich evangelisch und katholisch sein. Christlicher Glaube ist einerseits auf die Wahrheit Gottes ausgerichtet, wie sie sich in Jesus Christus offenbart hat, und versucht diese Wahrheit immer tiefer zu verstehen. Christlichen Glauben gibt es andererseits nicht in der völligen Vereinzelung, sondern in der Gemeinschaft derer, die zuvor schon geglaubt haben oder die gleichzeitig glauben.

Wird der katholische Aspekt vernachlässigt, dann verkommt das Christentum zur rein privaten und schließlich unverbindlichen Weltanschauung. Wird der evangelische Aspekt vernachlässigt, dann verkommt das Christentum zum bloßen Gemeinschaftserlebnis oder aber zum blinden Gehorsam gegenüber einem autoritären System.

3. Die Glaubensgrundlage für evangelische und katholische Christen

Gemeinsame christliche Substanz

Wer im Radio eine christliche Besinnung hört, wird in den meisten Fällen nicht mit Sicherheit feststellen können, ob die Sprecherin oder der Sprecher von einer katholischen oder von einer evangelischen Kirche kommt. Schon darin zeigt sich die gesamtchristliche Grundgemeinsamkeit, die schwerer wiegt als alle konfessionellen Unterschiede und Gegensätze.

Theologische Sachbücher und Fachbücher lassen sich großenteils nicht mehr konfessionell sortieren. Die Kommentare zu den einzelnen biblischen Büchern erscheinen häufig in ökumenischer Verantwortung. In Bibelwissenschaften und Kirchengeschichte wird historisch-kritisch argumentiert. Konfessionelle Bindungen dürfen die Forschungsergebnisse nicht bestimmen. Seit einigen Jahrzehnten gibt es in ökumenischer Trägerschaft auch Glaubensbücher, also Bücher, in denen die Wahrheitsfrage behandelt wird. Die christliche Botschaft wird in einem säkularisierten und multireligiösen Umfeld an eine weitere Öffentlichkeit und nicht zuletzt an Suchende und Zweifelnde weitergegeben, und dabei zeigt sich: Katholiken und Protestanten ist es in erster Linie um die gemeinsame christliche Botschaft zu tun. »Was uns unbedingt angeht« – so definiert Paul Tillich Religion –, ist nicht in dem zu finden, was die Konfessionen voneinander trennt, sondern in der gemeinsamen christlichen Grundlage und im Hauptstrom der christlichen Überlieferung.

Ökumenische Gottesdienste werden gefeiert. Sie sind in der Form von »Wortgottesdiensten« geradezu selbstverständlich geworden. Hätte jeder der beteiligten Partner eine ganz andere, geradezu entgegengesetzte Botschaft mitzuteilen, dann wären ökumenische Gottesdienste nicht möglich.

Die gemeinsame »Schnittmenge« ist geradezu überwältigend groß, im Vergleich zu dem jeweiligen konfessionellen Sondergut und zu den zum Teil hausgemachten Sonderproblemen der einzelnen Konfessionen (Bekenntnisgemeinschaften) und Denominationen (selbstständigen Glaubensgemeinschaften). Fragt man nach dem Inhalt dieser gemeinsamen Schnittmenge, dann kommt man zuerst zu Übereinstimmungen quantitativer Art.

Selbstverständlich gehört die Bibel Alten und Neuen Testaments zum Grundbestand. Sie ist für alle Konfessionen die entscheidende Glaubensquelle. In der Bibel selbst gibt es so etwas wie eine eiserne Ration, auf die sich Christen aller Konfessionen verständigen können und die in den Katechismen der verschiedenen Kirchen ausgelegt wird: die Zehn Gebote; die Bergpredigt; das Doppelgebot der Liebe; das Vaterunser; Kernverse, die dann zum Glaubensbekenntnis von Gott dem Vater, dem Sohn und dem Heiligen Geist (dem Schöpfer, dem Erlöser, dem Vollender) geführt haben; die Einsetzung von Taufe und Abendmahl; der Missionsbefehl (Matthäus 28,18-20).

Dazu kommt die christliche Überlieferung, sofern sie die biblische Botschaft in jeder Generation und Zeit neu auslegt und in ihrer Aktualität aufzeigt. Dabei sind etwa die Schriften der Kirchenväter zu nennen, vor allem aber die Lehrentscheidungen der ökumenischen Konzilien (der Bischofsversammlungen) der Alten Kirche: 325 Nicäa und 381 Konstantinopel (die Dreieinigkeit Gottes des Vaters, des Sohnes und des Heiligen Geistes; Christus ist wesenseins oder wesensgleich mit Gott dem Vater); 431 Ephesus (die »Gottesmutterschaft« Marias); 451 Chalcedon (in Jesus Christus sind göttliche und menschliche Natur unvermischt und ungetrennt beisammen). Das Nizänische Glaubensbekenntnis (381) verbindet alle Konfessionsfamilien, der Sache nach auch das Apostolische Glaubensbekenntnis, das sich aber in seinem Wortlaut nur in der abendländischen Kirche durchgesetzt hat.

Zum Grundbestand der abendländischen Christenheit zählen die Schriften der großen Theologen und der Mystiker des Mittelalters, und in der Neuzeit, nach den Kirchentrennungen im 16. Jahrhundert, insbesondere die ökumenischen Konsenserklärungen bis hin zum »Lima-Text« von 1982 (Taufe, Eucharistie und Amt. Konvergenzerklärungen der Kommission für Glauben und Kirchenverfassung des Ökumenischen Rates der Kirchen), und, stellvertretend auch für die anderen reformatorischen Konfessionsfamilien, die evangelisch-lutherische und römisch-katholische »Gemeinsame Erklärung zur Rechtfertigungslehre« von 1999.

Im Abendland gehört auch die Messe (Eucharistiefeier) mit ihrer Struktur und ihren klassischen Stücken (Kyrie, Gloria, Credo, Präfation, Sanctus, eucharistisches Gebet, Agnus Dei) zum gemeinsamen ökumenischen Grundbestand. Das Gleiche gilt für die Stundengebete oder Tagzeitengebete (insbesondere Laudes, Sext, Vesper, Complet) der Klöster und Kommunitäten. Die Übereinstimmungen zeigen sich auch in den Gesangbüchern bei einem immer umfangreicheren ökumenischen Liedgut und einem Grundstock hier und dort gebrauchter Gebete. Sie zeigt sich auch in einem Vergleich neuerer Bekenntnisformulierungen einiger Kirchen, wo abgesehen von dem konfessionellen Sondergut, das hier einfließen mag, doch eine Menge übereinstimmender Grundüberzeugungen zu finden ist, etwa im Glauben an den Schöpfer, an

Jesus Christus, an das Wirken des Heiligen Geistes und bei der Hoffnung auf das ewige Leben.

Die christliche Grundsubstanz lässt sich allerdings nicht klar abgrenzen. Sie hat gelegentlich auch etwas Unbestimmtes an sich. Sie umfasst Texte, in denen sich unterschiedliche Theologien widerspiegeln, angefangen bei manchen oft nur schwer miteinander in Einklang zu bringenden theologischen Erörterungen im Neuen Testament: etwa den weit auseinander liegenden Konzeptionen von Paulus (»allein der Glaube«) und Jakobus (»Glaube und Werke«).

Dass die quantitative Abgrenzung der gemeinsamen christlichen Substanz gewisse Unschärfen mit sich bringt, fängt schon mit der Bibel selbst an. Für die katholischen Kirchen gehören die »Apokryphen« (die Spätschriften des Alten Testaments, die nur in griechischer, nicht in hebräischer Sprache vorliegen) zum Kanon, also zum festen Bestand der Bibel. In den evangelisch-lutherischen Kirchen haben sie herkömmlicherweise einen nachgeordneten Rang, auch wenn sie in den Gesamtausgaben der Bibel immer häufiger zu finden sind und im Zug der ökumenischen Begegnung doch mehr und mehr als biblisch »vollwertig« angesehen werden. Für den Reformator Martin Luther (1483-1546) waren die Apokryphen »Bücher, so nicht der heiligen Schrift gleich gehalten, und doch nützlich und gut zu lesen sind«.

Man kann sich nicht allein mit dem quantitativen Befund der gemeinsamen christlichen Substanz zufrieden geben, sondern muss nach den Schwerpunkten fragen, den Hauptsachen, dem Wichtigen. Schon in der Bibel, der maßgeblichen Quelle für den christlichen Glauben, ist nicht alles von gleicher Bedeutung. Die Aufforderungen zum »Heiligen Krieg« im Alten Testament (etwa 1. Samuel 15) wiegen weniger als die Lieder vom Gottesknecht (in Jesaja 42, 49, 50 und 53). Forderungen wie »Du sollst das

Böcklein nicht in der Milch seiner Mutter kochen« (2. Mose 23,19) sind unvergleichlich weniger wichtig als etwa der Satz »Du sollst deinen Nächsten lieben wie dich selbst« (3. Mose 19,18). Martin Luther maß die gesamte Bibel an etwas, was selbst in der Bibel zu finden ist, nämlich dem Zeugnis von Jesus Christus, seiner Offenbarung der Barmherzigkeit Gottes, seiner Lebenshingabe um der Erlösung der Menschen willen und seiner Auferstehung. Alle biblischen Bücher seien danach zu beurteilen, »ob sie Christum treiben oder nicht« (Vorrede auf den Jakobusbrief und den Judasbrief, 1522), also ob sie wirklich Christus zum Ausdruck bringen oder nicht. In den biblischen Texten und Aussagen ist nach Luther alles von der Mitte her zu gewichten: von der in Jesus Christus Mensch gewordenen Liebe Gottes aus.

Das gilt dann auch für die Bekenntnisse der Alten Kirche (Nicaeno-Constantinopolitanum, Apostolikum, Athanasianum). Sie wollen die entscheidenden Punkte der biblischen Botschaft zum Ausdruck bringen. Dabei sind sie an der Bibel zu messen und nicht die Bibel an ihnen.

Alles, was an Texten und auch an Ereignissen irgendwie zum »Hauptstrom der christlichen Überlieferung« gehören könnte, muss vom Fundament Jesus Christus her auf seine Angemessenheit geprüft werden. Da muss dann manches ausgeschieden werden, etwa die Inquisition, die unzählige Menschen foltern und verbrennen ließ – der größte Schandfleck der Kirche und eines der schlimmsten Kapitel der Menschheitsgeschichte neben der Judenverfolgung, die kirchlicherseits damit begründet wurde, »die Juden« hätten Jesus ans Kreuz gebracht und seien damit »Gottesmörder«. Diese Begründung lieferte für unsägliche Verbrechen einen Vorwand.

Wer aber soll entscheiden, welche Texte, Dokumente und Ereignisse (quantitativ) zu der christlichen Grundsubstanz gehören und welche nicht? Und wer ist berechtigt, hier (qualitativ) die Schwerpunkte zu setzen? In den katholischen Kirchen hat die Kirche selbst diese Kompetenz: die Kirche, wie sie in ihren Amtsträgern und maßgebenden Instanzen verkörpert ist. In der römisch-katholischen Kirche sortiert das Lehramt, was zur rechten Lehre gehört, also »orthodox« (rechtgläubig) ist, oder behält sich zumindest für Zweifelsfälle eine solche Auswahl vor. In den evangelischen Kirchen dagegen liegt die Kompetenz dafür bei den einzelnen Christen mit ihrer Glaubenserfahrung und Einsicht. Sie bleiben aber nicht bloß Einzelne, sondern suchen im gegenseitigen Austausch zu einer Grundübereinstimmung zu gelangen. Für die reformatorischen Kirchen (übrigens der Theorie nach auch für die Ostkirchen) sind es also die Gläubigen selbst, die durch ihre »Rezeption« (Entgegennahme, Aufnahme) erfahren und feststellen, was wichtig, wegweisend und hilfreich ist und was nicht, und die das dann in einem »Konsens« auch ausdrücklich festhalten. So wurde innerevangelisch die Barmer »Theologische Erklärung zur gegenwärtigen Lage der Deutschen Evangelischen Kirche« vom Mai 1934 zu einem hochgewichtigen Dokument. Sie überzeugte durch ihren Inhalt und erhielt dadurch in einigen deutschen evangelischen Landeskirchen sogar den Rang eines kirchlichen Bekenntnisses.

Die Fundamentalartikel des Glaubens

Wird an der gemeinsamen ökumenischen Schnittmenge wie an dem Sondergut der einzelnen Konfessionen eine Qualitätsprüfung vorgenommen, so kommt es zu einer Rangfolge der entscheidenden und der eher nebensächlichen Themen des Glaubens. Dabei ist klar, dass die

Frage nach dem dreieinigen Gott wichtiger ist als die Frage nach den kirchlichen Ämtern, und die Frage nach Jesus Christus, seinem Tod und seiner Auferstehung wichtiger als die Frage nach Maria, der Mutter Jesu. So ergibt sich (evangelisch formuliert) eine Sammlung von »Fundamentalartikeln des Glaubens«, oder (katholisch formuliert) eine »Hierarchie der Wahrheiten« (Zweites Vatikanisches Konzil, Ökumenismusdekret Nr. 11).

Bei den Fundamentalartikeln, den Hauptstücken christlichen Glaubens und Lebens, ist nach dem jeweiligen Leitgedanken zu fragen. Für die meisten reformatorischen Kirchen ist das die Botschaft von der »Rechtfertigung aus Gnade um Christi willen durch den Glauben« (so die Formulierung im Augsburger Bekenntnis von 1530, Artikel 4). Bei anderen Kirchen ist es die Lehre von der göttlichen Dreieinigkeit oder einfach der Glaube an Jesus als den Christus. Aber das sind keine Gegensätze, sondern gehört zusammen und beleuchtet sich gegenseitig.

Es gibt Sondergemeinschaften wie die Zeugen Jehovas, die etwa die apokalyptischen Aussagen der Offenbarung des Johannes, also späte biblische Vorstellungen vom Weltuntergang und vom irdischen Anbruch des neuen Reiches Gottes, zum Leitgedanken machen. Sie rücken damit etwas an die erste Stelle, was nach ökumenischem Konsens deutlich nachgeordnet ist.

Die Vielzahl von katholischen und evangelischen Konfessionsfamilien legt es nahe, Hauptsachen und Nebensächliches zu unterscheiden und sich auf das zu konzentrieren, was für das irdische Wohl und das ewige Heil der Menschen ausschlaggebend ist. Solche Schwerpunkte zu setzen, erfordert ein bestimmtes Wahrheitsverständnis: Die Wahrheit Gottes ist nicht in ein System ein für allemal feststehender Lehren zu fassen. Gottes Geheimnis überfordert und übersteigt menschliches Begreifen. Man kann sich dieser Wahrheit nur annähern, und zwar von mehr als nur von einer Seite her.

Bei der Zusammenstellung der Fundamentalartikel des Glaubens steht man also vor der Frage: Was ist christlich unbedingt wichtig und unverzichtbar? Was ist der springende Punkt des Evangeliums? Was müssen Menschen wissen, die nach der Wahrheit fragen und nach Heil und Erlösung suchen?

»Gibt es bestimmte Wahrheiten des christlichen Glaubens, die nicht preisgegeben werden können?«, fragte der evangelische Theologe Hans Graß. »Bei aller gebotenen Vorsicht vor einer verengten Grenzziehung« nannte er fünf bewusst »unbestimmt und allgemein gehaltene« Punkte, die einen Rahmen für das christlich Vertretbare abstecken sollen: »1. Eine maßgebende Bedeutung Christi muss festgehalten werden. 2. Hinsichtlich des Menschen darf nicht geleugnet werden sein Angewiesensein auf Gott: seine Geschöpflichkeit, seine Gottentfremdung und seine Heilsbedürftigkeit. Die Behauptung, dass er aus eigener Kraft die Entfremdung überwinden kann, ist, wie die Verabsolutierung immanenter Heilswege, nicht mehr christlich. 3. Jenseits der Grenze liegt nicht nur die Leugnung Gottes (der Atheismus), sondern auch die Behauptung absoluter Verborgenheit Gottes (der Agnostizismus), ebenso ein absoluter Pantheismus. Durch diesen wird das Gegenüber Gottes zur Welt und seinen Geschöpfen aufgehoben. Absolute Verborgenheit würde der Selbstbekundung Gottes in seiner Offenbarung widersprechen. 4. Für die christliche Ethik hat zu gelten, dass das beherrschende Prinzip die Liebe sein muss. 5. Auch eine völlige Ablehnung der Zukunftshoffnung lässt sich schwer mit dem christlichen Glauben vereinbaren, doch würden wir bei einer Näherbestimmung dieser Hoffnung schon auf erhebliche Schwierigkeiten stoßen, das heißt, in die Gefahr einer verengten Grenzziehung geraten. Dasselbe gilt, wenn wir Aussagen über die Kirche und die Sakramente in die Grenzpunkte mit aufnehmen wollten. Es gibt eine radikale Kritik an der Kirche und am Sakramentalen, der nicht ohne weiteres der christliche Charakter abgesprochen werden kann« (Theologie und Kritik. Gesammelte Aufsätze und Vorträge, Göttingen 1969, S. 89).

Knappe Zusammenfassungen des christlichen Glaubens, Lebens und Hoffens finden sich vielfach schon im Neuen Testament. Man mag an Jesu Doppelgebot der Liebe (Markus 12,29-31) denken oder an die Christushymnen (Johannes 1,1-18; Philipper 2,5-11; Kolosser 1,15-20; 1. Timotheus 3,16; Hebräer 1,1-4), in denen die Menschwerdung und das weltweite Versöhnungshandeln des Christus gepriesen werden. Zu erwähnen sind auch trinitarische Formeln (1. Korinther 12,4-6; 2. Korinther 13,13; Epheser 4,4-6), oder etwa die binitarische (zweigliedrige) Formel 1. Korinther 8,6: »Wir haben nur einen Gott, den Vater, von dem alle Dinge sind und wir zu ihm; und einen Herrn, Jesus Christus, durch den alle Dinge sind und wir durch ihn.«

Manche biblischen Kurzformeln des Glaubens sind auf die Lebensführung zugespitzt; etwa aus der Weisheitsliteratur Prediger 12,13: »Lasst uns die Hauptsumme aller Lehre hören: Fürchte Gott und halte seine Gebote; denn das gilt für alle Menschen«; oder aus den prophetischen Schriften Micha 6,8: »Es ist dir gesagt, Mensch, was gut ist und was der Herr von dir fordert, nämlich Gottes Wort halten und Liebe üben und demütig sein vor deinem Gott.«

Rechtfertigung allein aus Gnade

Fast viereinhalb Jahrhunderte lang galt die Lehre von der »Rechtfertigung allein aus Gnade um Christi willen durch den Glauben« als die reformatorische Unterscheidungslehre gegenüber der römisch-katholischen Kirche. Die Rechtfertigung war für die Reformatoren »der Artikel, mit dem die Kirche steht und fällt«. Die römisch-katholische Kirche entwickelte ihre eigene, auf dem Konzil zu Trient (1545-1563) antireformatorisch zugespitzte Rechtfertigungslehre (Sessio 6, Dekret über die Rechtfertigung vom Januar 1547).

Nach der neuesten ökumenischen Entwicklung gehört aber die Botschaft von der Rechtfertigung allein aus Gnade zur gemeinsamen christlichen Substanz und zu den Fundamentalartikeln. Die »Gemeinsame Erklärung zur Rechtfertigungslehre« wurde durch ihre »Gemeinsame offizielle Feststellung« am 31. Oktober 1999 in Augsburg von den Repräsentanten des Lutherischen Weltbundes und des Päpstlichen Rats zur Förderung der Einheit der Christen unterzeichnet. Damit kann man hier nicht mehr von einer die Konfessionen trennenden Lehre sprechen, auch wenn die Gewichtungen nach wie vor unterschiedlich sind.

In den meisten reformatorischen Kirchen ist die Rechtfertigung allein aus Gnade nicht eine Lehre neben anderen, sondern die zentrale Lehre, in der das neue, heile Verhältnis des Menschen zu Gott beschrieben wird: die freie Gnade Gottes auf dem Hintergrund seiner unbedingten Forderung.

Die von Paulus formulierte und von Martin Luther aufgegriffene Botschaft von der »Rechtfertigung allein aus Gnade, allein durch den Glauben« besagt: Die Menschen sind von und vor Gott verpflichtet, wahrhaftig, redlich, fair, gerecht und barmherzig zu sein. Sie scheitern aber dabei, werden schuldig, haben sich ihrem Schöpfer entfremdet. Indem sie ihre Schuld einsehen und zu Gott umkehren, erfahren sie eine göttliche Güte und Barmherzigkeit, die sie in keiner Weise verdient haben oder sich durch eigene Leistungen selbst erwerben können. Gott nimmt die Menschen allein aus Gnade an. Dies wird nirgends so deutlich wie in der Verkündigung, im Leben und in der Lebenshingabe Jesu von Nazareth. Gottes Liebe kann man nur »im Glauben« ergreifen, das heißt im Vertrauen auf Gott. Auch die Vollendung im künftigen Reich Gottes ist nur als Geschenk zu erwarten, allein aus Gottes freier Gnade, also ohne dass man sich die bleibende Zugehörigkeit zu Gott irgendwie verdienen könnte.

Diese Rechtfertigungsbotschaft ist von Paulus in rechtlichen Vorstellungen formuliert worden: In einer Gerichtsverhandlung haben die Menschen Gott Rede und Antwort zu stehen. Sie müssen von Rechts wegen schuldig gesprochen werden. Doch Jesus Christus hat diese Schuld auf sich genommen. So wird frei gesprochen, wer die eigene Schuld einsieht und bereut.

Der Sache nach findet sich diese Botschaft von der freien Gnade Gottes auch in ganz anderen Vorstellungen: Jesus verkündigte das »Reich Gottes«, das ohne menschliches Zutun kommen wird (Markus 4,26-29). Er nahm schuldig gewordene Menschen wie Zachäus (Lukas 19,1-10) bedingungslos an und versicherte sie so der Barmherzigkeit Gottes. Paulus und Johannes schrieben auch von der voraussetzungslosen »Liebe« Gottes (etwa Römer 8,38-39; Johannes 3,16).

Die Rechtfertigung allein aus Gnade ist keine »billige Gnade«, so als wäre es Gottes Aufgabe, nach dem Gießkannenprinzip allen Menschen alle Schuld zu vergeben. Gottes Gnade ist immer auf dem Hintergrund seiner unbedingten Forderung zu verstehen. Nach Martin Luther gehören »Gesetz und Evangelium« zusammen: Gefordertsein und Beschenktsein; Gottes Anspruch und Zuspruch; sein Gebot der Liebe und seine Zusage der Liebe.

Die Rechtfertigung allein aus Gnade wirkt sich in allen Lebensbereichen aus. Zur Gnade der Erlösung kommt die Gnade der Schöpfung. Alles ist Gnade: nicht nur dass das menschliche Dasein einen endgültigen Sinn, eine bleibende Erfüllung auch über den Tod hinaus gewinnt, sondern bereits das Dasein als solches. »Was hast du, das du nicht empfangen hast? Wenn du es aber empfangen hast, was rühmst du dich dann, als hättest du es nicht empfangen?« (1. Korinther 4,7). Menschliche Lebensmöglichkeiten und Begabungen sind Geschenk dessen, der Ursprung und Ziel von allem ist. Das darf man annehmen, weil man schon von Gott angenommen ist. Man darf sich in den eigenen Grenzen bejahen: in den Grenzen des jeweiligen Leistungsvermögens, in den Grenzen des tatsächlich Geleisteten, trotz des Versagens und der Schuld, und auch wenn jemandem von anderen Menschen die nötige Anerkennung versagt bleibt. In einer Leistungsgesellschaft, in der Wert und Würde der Menschen danach bemessen werden, was sie zustande bringen, besagt die Rechtfertigungsbotschaft: Man gilt etwas bei Gott, ist bei ihm etwas wert, auch wenn man in den eigenen Leistungen versagt hat und am Liebesgebot gescheitert ist.

Die Botschaft von der Rechtfertigung allein aus Gnade ist für das Leistungsdenken anstößig, das in jedem Menschen steckt. Kommt es nicht mehr auf das an, was man tut? Ist man nicht frei, sich in eigener Verantwortung zwischen Gut und Böse und zwischen Glauben und Unglauben zu entscheiden? Wieso soll man sich andererseits noch Mühe geben, wenn sowieso alles eigene Tun vergeblich ist? Die Rechtfertigungsbotschaft lehnt menschliches Bemühen nicht ab, sondern beflügelt es. Die

Zusage der Güte Gottes befähigt Menschen, im Tun des Guten zu wachsen und zu reifen. Das bedeutet aber kein Verdienst vor Gott. Man hat seine Begabungen und Möglichkeiten zu nutzen, um das eigene Leben sinnvoll zu gestalten. Doch »wenn ihr alles getan habt, was euch befohlen ist, so sprecht: Wir sind unnütze Knechte; wir haben getan, was wir zu tun schuldig waren« (Lukas 17,10).

Nach Paulus handelt es sich beim Tun des Guten und bei der unverdienten Gnade Gottes um zwei Ebenen, die existenziell, aber nicht logisch zusammenzubringen sind: »Schaffet, dass ihr selig werdet, mit Furcht und Zittern. Denn Gott ist's, der in euch wirkt beides, das Wollen und das Vollbringen, nach seinem Wohlgefallen« (Philipper 2,12-13).

In der »Gemeinsamen Erklärung zur Rechtfertigungslehre« wird (in Nr. 15) ein Schlüsselsatz aus dem evangelisch-lutherischen und römisch-katholischen Dokument »Alle unter einem Christus« (1980) zustimmend zitiert: »Allein aus Gnade im Glauben an die Heilstat Christi, nicht auf Grund unseres Verdienstes, werden wir von Gott angenommen und empfangen den Heiligen Geist, der unsere Herzen erneuert und uns befähigt und aufruft zu guten Werken.« Zwei weitere Aussagen aus der »Gemeinsamen Erklärung zur Rechtfertigungslehre« genügen, um zu untermauern, dass es sich bei der Rechtfertigungslehre wirklich um die gemeinsame christliche Substanz handelt: »Alle Menschen sind von Gott zum Heil in Christus berufen. Allein durch Christus werden wir gerechtfertigt, indem wir im Glauben dieses Heil empfangen. Der Glaube selbst ist wiederum Geschenk Gottes durch den Heiligen Geist, der im Wort und in den Sakramenten in der Gemeinschaft der Gläubigen wirkt und zugleich die Gläubigen zu jener Erneuerung ihres Lebens führt, die Gott im ewigen Leben vollendet« (Nr. 16). »Wir bekennen gemeinsam, dass der Mensch im Blick auf sein

Heil völlig auf die rettende Gnade Gottes angewiesen ist. Die Freiheit, die er gegenüber den Menschen und den Dingen der Welt besitzt, ist keine Freiheit auf sein Heil hin. Das heißt, als Sünder steht er unter dem Gericht Gottes und ist unfähig, sich von sich aus Gott um Rettung zuzuwenden oder seine Rechtfertigung vor Gott zu verdienen oder mit eigener Kraft sein Heil zu erreichen. Rechtfertigung geschieht allein aus Gnade« (Nr. 19).

Doch bleiben in der Rechtfertigungslehre zwischen römischen Katholiken und Protestanten einige unterschiedliche Nuancen bestehen.

Die voraussetzungslose Gnade Gottes wird den Menschen zugesprochen, die ihre Schuld bereuen und sich nach Wahrheit und Sinn sehnen. Römisch-katholisch wird das Augenmerk dann aber darauf gelegt, dass in den Menschen, die Gottes Gnade erfahren haben, etwas anders und neu wird. Sie werden verwandelt, wie nach römisch-katholischer Lehre in der Messe Brot und Wein in Leib und Blut Christi verwandelt werden (Transsubstantiation). Sie werden »geheiligt«, wie nach römisch-katholischer Auffassung manche Menschen unter dem Einfluss der Gnade ein Leben führen, das sie geradezu sichtbar in die Nähe Gottes bringt, und sie dabei zu »Heiligen« werden lässt. So wird dann auch von der »Verdienstlichkeit der guten Werke« geredet: »Nach katholischer Auffassung tragen die guten Werke, die von der Gnade und dem Wirken des Heiligen Geistes erfüllt sind, so zu einem Wachstum in der Gnade bei, dass die von Gott empfangene Gerechtigkeit bewahrt und die Gemeinschaft mit Christus vertieft werden. Wenn Katholiken an der ›Verdienstlichkeit‹ der guten Werke festhalten, so wollen sie sagen, dass diesen Werken nach dem biblischen Zeugnis ein Lohn im Himmel verheißen ist. Sie wollen die Verantwortung des Menschen für sein Handeln herausstellen, damit aber nicht den Geschenkcharakter der guten Werke bestreiten« (Gemeinsame Erklärung zur Rechtfertgungslehre, Nr. 38).

Nach reformatorischer Lehre steht bei Gottes Gnadenhandeln die Verheißung Gottes im Mittelpunkt, dass er Menschen ohne ihr Verdienst annimmt. Das führt zu innerer Befreiung. Wer von Gottes Gnade ergriffen ist, wird frei zur Liebe, zur Gerechtigkeit und zur Wahrhaftigkeit, aber doch nur bruchstückhaft. Man bleibt immer auf Gottes Gnade angewiesen. Man kann sich das Heil auch nicht andeutungsweise verdienen.

Aus römisch-katholischer Sicht steht die Verleiblichung der Gnade im Mittelpunkt, und in ähnlicher Weise aus ostkirchlicher Sicht die »Vergöttlichung« (*theosis*) des Menschen. Wie Gottes Wort in Jesus Christus Mensch geworden ist (Inkarnation), so wird die Gnade Gottes in den Menschen sichtbar, die sich ihr öffnen.

Die katholischen und evangelischen Sichtweisen der Rechtfertigung sind keine Gegensätze, wohl aber Akzentverschiebungen. Auch in der römisch-katholischen Sicht bleibt die Gnade ständige Voraussetzung. Umgekehrt wirkt sich auch in der reformatorischen Sicht die Rechtfertigung allein aus Gnade in der Heiligung aus, in der Befreiung zu einem »Glauben, der in der Liebe tätig ist« (Galater 5,6). »Ist jemand in Christus, so ist er eine neue Kreatur; das Alte ist vergangen, siehe, Neues ist geworden« (2. Korinther 5,17).

Besonders im Pietismus ist im Zusammenhang von Bekehrung und Wiedergeburt die Heiligung wichtig, und im Calvinismus wird ein frommes, sittlich erneuertes Leben als Zeichen der Erwählung Gottes verstanden. Nur wird aus protestantischer Sicht, auch im Calvinismus und im Pietismus, die Erneuerung, die Heiligung, nicht in erster Linie sakramental und damit kirchlich vermittelt. Sie erfolgt in der persönlichen Umkehr und Hinwendung zu Gott.

Damit ist ein weiterer Akzentunterschied gegeben. Die Rechtfertigung »allein aus Gnade« (*sola gratia*) wird reformatorisch wie römisch-katholisch vertreten. Größere Schwierigkeit haben Katholiken mit dem lutherischen »allein im Glauben« (*sola fide*). Im Rechtfertigungsdekret des Konzils zu Trient (in Kanon 9) wurde sogar erklärt: »Wer behauptet, allein durch den Glauben werde der Sünder gerechtfertigt, und dies so versteht, dass es darüber hinaus keiner Mitwirkung zum Erlangen der Rechtfertigungsgnade bedürfe und dass es auch in keiner Weise erforderlich sei, dass (der Mensch) sich in eigener Willensbewegung (auf die Rechtfertigung) vorbereite und zurüste: der sei ausgeschlossen.« Abgesehen davon, dass hier das reformatorische Verständnis des »Glaubens«, welches nämlich kein Fürwahrhalten bedeutet, sondern Vertrauen und damit ein ganzheitliches Verhältnis zu Gott, missverstanden ist, hängen katholische Vorbehalte gegen das »allein im Glauben« damit zusammen, dass der Glaube hier der persönliche Glaube der Einzelnen ist, der auch gegenüber kirchlichen Vermittlungen und Formen eigenständig sein kann. Nach römisch-katholischer Auffassung dagegen wird die Gnade in starkem Maß durch die Sakramente vermittelt und damit durch die Kirche, welche die Sakramente gültig verwaltet. Es kann sogar davon die Rede sein, die Gnade werde durch die Sakramente in den Menschen »eingegossen« (*gratia infusa*). Wieder spielt die Verleiblichung des Heils eine Rolle, und dabei behält die Kirche als die Mittlerin der Gnade und als »Heilsanstalt« die Fäden in der Hand.

Ein weiterer Differenzpunkt in der Rechtfertigungslehre liegt in den Folgen der Rechtfertigung für die Kirche. Nach römisch-katholischer Lehre ist die Vermittlung der Gnade Gottes an die Kirche, ihre Amtsträger und Sakramente gebunden. Nach reformatorischer Lehre ist die Kirche als die Gemeinschaft der Christen sündig und stets auf die Sündenvergebung angewiesen, ebenso wie die einzelnen Christen.

Bei diesen Akzentunterschieden muss es sich nicht um kirchentrennende Differenzen handeln. Auch evangelische Christen, die auf den persönlichen Glauben allen Nachdruck legen, können »mit der Kirche glauben«, und auch katholische Christen, die sich durch die kirchlichen Sakramente die Gnade vermitteln lassen, können Gottes Gnade persönlich erfahren.

Zusammenfassung

Zur gemeinsamen christlichen Substanz, zum gesamtchristlichen Fundus gehören die Bibel, die auf ihr fußenden Fundamentalartikel des Glaubens, die Ethik der Gerechtigkeit, der Liebe und der Wahrhaftigkeit und nicht zuletzt die »Rechtfertigung allein aus Gnade«. Das Übergewicht dieser gesamtchristlichen Grundlage lässt die konfessionellen Unterschiede als eher zweitrangig erscheinen.

Verdichtet und konzentriert ist diese Grundübereinstimmung in den Glaubensbekenntnissen der Alten Kirche und in manchen modernen ökumenischen Konsenserklärungen zu finden.

4. Unterschiede quer durch evangelische und katholische Kirchen

Die konfessionsübergreifenden Richtungen »konservativ« und »progressiv«

Quer durch die einzelnen katholischen und evangelischen Kirchen finden sich unterschiedliche »Richtungen«. Mit »Richtungen« sind hier verschiedene Einstellungen, Sichtweisen und Verhaltensmuster gegenüber Bibel und Bekenntnis, somit gegenüber der gemeinsamen christlichen Substanz gemeint. Eine Grobeinteilung derartiger Richtungen lässt sich aus der jeweiligen Einstellung gegenüber dem vorgegebenen »Hauptstrom der christlichen Überlieferung« gewinnen.

Man kann dabei von der Spannung zwischen »Buchstaben und Geist« ausgehen (in Anlehnung an 2. Korinther 3,6: »Der Buchstabe tötet, aber der Geist macht lebendig«). »Buchstabe« meint in diesem Zusammenhang die maßgebenden Texte, Bekenntnisse und Glaubenslehren, die sittlichen Gebote, die gemeinschaftlichen Spielregeln, die gottesdienstlichen Ordnungen und Abläufe. »Geist« meint deren tieferen Sinn. In einer neuen Zeit, einer anderen Kultur, bei neuen Fragestellungen und Herausforderungen gilt es, nach dem »Geist« in den alten »Buchstaben« zu fragen und dann unter Umständen neue Buchstaben zu suchen, die denselben Geist unter veränderten Umständen vergegenwärtigen. Man bewegt sich dabei in der Spannung zwischen »Bindung und Freiheit«. Einerseits ist man an den Geist gebunden, der sich in den alten Buchstaben ausdrückt, andererseits muss man in eigener Verantwortung und damit im Wagnis der Freiheit eben diesen Geist neu in Buchstaben fassen.

Will man die christliche Botschaft angemessen verstehen, sie dann in das eigene Leben hineinnehmen und sie schließlich anderen weitergeben, dann bewegt man sich, ob man will oder nicht, zwischen Buchstaben und Geist, zwischen Bindung und Freiheit. Man kann nicht auf die »Buchstaben« und die Bindung an sie verzichten, aber auch nicht auf den »Geist« und die Freiheit, die von ihm ausgeht. Den »Geist« gibt es nicht anders als in der Gestalt von »Buchstaben«.

Eine Bindung ohne Freiheit ist starr, eine Freiheit ohne Bindung beliebig. Doch liegen die Gewichte unterschiedlich. Eine »konservative« (bewahrende) Einstellung will möglichst viel von den alten Buchstaben festhalten und gerade damit dem Geist treu bleiben. Eine »progressive« (fortschreitende, fortschrittliche) Einstellung will dem Geist dadurch entsprechen, dass sie sich in aller Freiheit das Überkommene in neuer Weise und mit Hilfe von neuen Buchstaben aneignet. In diesem Sinn unterschied Paul Tillich eine »literalistische« (wortwörtliche) und eine »symbolische« (den Sinn des Wortlauts erspürende) Auslegung der Bibel, der Bekenntnisse und der gesamten Glaubensüberlieferung. Aus der Sicht Tillichs ist religiöse Sprache immer symbolisch oder gleichnishaft. Eine literalistische Auslegung sieht den Wortsinn und den tieferen Gehalt von biblisch-christlichen Glaubensaussagen ganz nah beisammen, während die symbolische Auslegung hier auch eine größere Kluft einkalkuliert. Eine extrem literalistische Auslegung würde etwa die Himmelfahrt Jesu auch als körperlichen Aufstieg Jesu in eine obere Welt verstehen. Eine symbolische Auslegung deutet die Himmelfahrt Jesu als seine Inthronisation zum Herrn der Welt.

Normalerweise wird man in den Glaubensauffassungen wie im ethischen Verhalten entweder eher progressiv oder eher konservativ sein. Doch sind auch Mischformen zu beobachten: Jemand ist in dogmatischer Hinsicht konservativ, in ethischer Hinsicht aber progressiv oder auch umgekehrt.

Die extreme Form der konservativen Einstellung ist der »Fundamentalismus« oder »Traditionalismus«. Er äußert sich in den reformatorischen Kirchen in der Lehre von der Verbalinspiration (der wörtlichen Unfehlbarkeit) der Bibel, in der römisch-katholischen Kirche dagegen in der totalen Unterordnung unter das päpstliche Lehramt – wenigstens sofern dieses selbst die Tradition hochhält –, in der Unterstreichung des römisch-katholischen Sonderguts, inbesondere einer intensiven Marienverehrung, und im Festhalten am Ausschließlichkeitsanspruch der römisch-katholischen Kirche.

Die extreme Form der progressiven Einstellung ist ein »Radikalismus«, der die herkömmlichen Glaubensinhalte ohne Bedenken umdeutet oder sie mehr oder weniger fallen lässt.

So kann man das Grobraster von »konservativ« und »progressiv« etwas verfeinern: am rechten Rand ultrakonservativ, traditionalistisch oder fundamentalistisch; in der rechten Mitte gemäßigt konservativ; in der linken Mitte gemäßigt progressiv oder »liberal«; am linken Rand in der einen oder anderen Weise »radikal«. Dabei gibt es alle möglichen Schattierungen, Mischformen und gleitende Übergänge.

Eine gewisse Bandbreite derartiger Richtungen lässt sich in den verschiedenen Konfessionsfamilien und Denominationen beobachten, vor allem nachdem sie aus einer minimalen Größenordnung herausgewachsen sind. In der römisch-katholischen Kirche sind etwa das »Opus Dei«, verschiedene marianische Bruder- und Schwesternschaften, die »Priesterbruderschaft St. Petrus« und die »Bewegung für Papst und Kirche« zu den Traditionalisten zu rechnen. »Liberal« oder manchmal auch »radikal« sind die Reformkatholiken. Das war um 1900 die breite theologische Bewegung der »Modernisten«. Heute zählt dazu in Deutschland etwa die Basisbewegung »Kirche von unten« oder in Lateinamerika die Befreiungsbewegung mit ihren Basisgemeinden.

In der Schweizerischen evangelisch-reformierten Kirche spielten, etwa bei der Besetzung der Pfarrstellen, im 19. und bis in die zweite Hälfte des 20. Jahrhunderts hinein klar umrissene Richtungen eine besondere Rolle: die liberalen »Freisinnigen«, die konservativen »Positiven« und später die »Religiös-Sozialen«. Auch in der niederländisch-reformierten Kirche profilierten bis nach dem Ende des Zweiten Weltkriegs innerkirchliche Richtungen Teile des Gemeindelebens, insbesondere die calvinistisch »Konfessionellen« und die »Freisinnigen« oder »Modernisten«.

Etwas anders sind die traditionell drei Richtungen in der anglikanischen Church of England gelagert. Die »Anglokatholiken« (High Church, Hochkirche) haben einen katholischen, die »Evangelicals« (Low Church) einen evangelischen Akzent. Die »Modernisten« (Broad Church) vertreten eine liberale Einstellung, in der Glaube und Vernunft, Kirche und Kultur eng miteinander verbunden sind.

In den einzelnen Landeskirchen der Evangelischen Kirche in Deutschland drücken sich verschiedene Richtungen in kirchenpolitischen Blockbildungen aus: links stehen die Kirchenreformer, Sozialethiker, Ökumeniker und Liberalen; rechts die Pietisten, Evangelikalen und betont konfessionellen Lutheraner; in der Mitte ist der Versuch einer Vermittlung zwischen den Flügeln zu lokalisieren.

Dass es in den Konfessionsfamilien und Denominationen derartige Richtungen gibt, die freilich nicht immer stark ausgeprägt sind, wird nicht selten als ein Ausdruck innerkirchlicher Zerstrittenheit angesehen. Dabei wird auf die »Parteiungen« verwiesen, über die sich Paulus etwa in 1. Korinther 1,10-17 beklagte. Doch sind solche Richtungen nur dann ein wirkliches Problem, wenn man die jeweils eigene Richtung als die einzig berechtigte hinstellt. Im Übrigen bieten die Richtungen eine Gelegenheit, innerhalb einer Konfessionsfamilie oder einer Denomination »versöhnte Verschiedenheit« einzuüben.

Die konfessionsübergreifenden konservativen und progressiven Richtungen hängen nicht nur mit religiösen oder theologischen Erkenntnissen zusammen, die man bei der Wahrheitssuche gewonnen hat, sondern auch mit seelischer Veranlagung. Manche wollen sich nach festen Vorgaben richten und ihnen möglichst genau entsprechen. Andere wollen eigenständig und unabhängig sein. Die einen sind autoritätsfixiert, die anderen freiheitsliebend. Die jeweilige Mentalität wirkt sich dann in der Art und Weise aus, wie jemand die christliche Überlieferung aufgreift, sei es die gemeinsame ökumenische Substanz, sei es das Sondergut der eigenen Konfessionsfamilie.

So sehr sich christliche Glaubensinhalte in eher konservativer oder in eher progressiver Weise aneignen lassen, legen sich im Einzelfall bestimmte Berührungspunkte nahe. Menschen einer konservativen Einstellung werden mit »heterodoxen« (eigenwilligen) Lehrmeinungen oder Sonderlehren wie »Allversöhnung« oder »universale Offenbarung« größere Schwierigkeiten haben als liberal Eingestellte. Liberale ihrerseits werden mit Lehrmeinungen wie der doppelten Prädestination (die einen zum ewigen Heil, die anderen zur ewigen Verdammnis vorherbestimmt) oder auch dem Sühnopfer Jesu (Jesus starb am Kreuz, um unsere Schuld auf sich zu nehmen und für unsere Schuld Sühne zu leisten) größere Schwierigkeiten haben als Konservative. Eine progressive Grundhaltung radikaler Schattierung lässt manche als »geborene Ketzer« erscheinen, die grundsätzlich quer denken.

Der schmale Grat zwischen »rechtem Glauben« und »Irrlehre«

Die biblische Grundlage und der »Hauptstrom der christlichen Überlieferung« verbinden die katholischen und die evangelischen Kirchen. Doch werden unter dem Dach der verschiedenen Konfessionen manche Auffassungen vertreten und Gebräuche praktiziert, die in dieser »ökumenischen Schnittmenge« nicht unterkommen. Was da aus dem ökumenischen Rahmen fällt, kann das »Sondergut« einer bestimmten Konfession oder Konfessionsfamilie sein. Man redet auch von konfessionellen »Unterscheidungslehren«. Damit hebt sich dann eine Konfession von anderen Konfessionen ab. Sie zeigt hier ihr ganz besonderes Profil.

Oder aber es handelt sich um die »Sondermeinung«, die »Sonderlehre« Einzelner und einzelner Gruppen. In diesem letzteren Fall haben wir es häufig mit Auffassungen zu tun, die von Minderheiten quer durch die evangelischen und katholischen Kirchen vertreten werden. Ein Beispiel ist etwa der evangelische Mystiker Jakob Boehme (1575-1624) mit seiner Lehre von der »Dunkelseite« (dem Rätselhaften, Schrecklichen, wenn nicht sogar Bösen) in Gott.

Was an den konfessionsübergreifenden Sondermeinungen ist »orthodox«, sprich: rechtgläubig, und was »häretisch«, also ketzerisch, irrig? Maßstab dafür kann nur die biblische Grundlage und die gemeinsame ökumenische Schnittmenge sein. Diesen Maßstab einmal vorausgesetzt: Was von dieser Orthodoxie (Rechtgläubigkeit) abweicht, ist dann entweder »Häresie« (Irrlehre, Ketzerei) oder aber, als eine Art Grauzone zwischen Orthodoxie und Häresie, »Heterodoxie«, das heißt eine theologische Eigenwilligkeit, die vom Standpunkt der Orthodoxie aus gerade noch erträglich sein dürfte. Dieselben unterschiedlichen Bewertungen (orthodox, häretisch und dazwischen heterodox) finden sich der Sache nach auch in den anderen Religionen.

Eine Schwierigkeit bei der Beurteilung einer Lehrmeinung einer Gruppe oder einer Privatmeinung Einzelner liegt darin, dass in allen religiösen Aussagen, und damit auch in der Bibel und in den Glaubensbekenntnissen der Alten Kirche, zwischen Wortlaut und dem damit Gemeintem unterschieden werden muss. Was vom Wortlaut und dem darin verstandenen Sinn her früher als orthodox galt, kann zu anderer Zeit häretisch oder zumindest heterodox sein, wenn sich nämlich in einer anderen Zeit mit dem früheren Wortlaut ein anderer Sinn verbindet. So wurde es unter dem Vorzeichen des antiken Weltbildes in der alten und mittelalterlichen Kirche für selbstverständlich gehalten, dass (nach dem Wortlaut von 1. Mose 1) Gott die Welt in sechs Tagen und (nach 1. Mose 2) die Frau aus der Rippe des Mannes geschaffen habe. Seit der Neuzeit, angesichts neuer naturwissenschaftlicher Erkenntnisse, werden die biblischen Schöpfungsgeschichten auf ihren tieferen Sinn hin befragt. Nur dieser tiefere Sinn (das heißt in diesem Fall: dass Gott der Schöpfer aller Dinge und Wesen ist und die Welt nicht aus sich selbst bestehen kann) ist »orthodox«. Wer darüber hinaus die biblischen Schöpfungsgeschichten heute noch wortwörtlich für verbindlich hält, ist an diesem Punkt nicht orthodox, sondern heterodox oder gar häretisch, weil er die grundsätzliche Übereinstimmung von Glaube und Vernunft leugnet.

Die Orthodoxie von gestern ist also möglicherweise die Häresie von heute. Es gilt auch das Umgekehrte: »Was heute noch wie Irrlehre aussieht, kann sich morgen als neue Wahrheitserkenntnis erweisen« (Was gilt in der Kirche?, S. 71).

»Häresie« meint eine schwerwiegende Verzerrung der rechten Lehre. Das heißt von der christlichen Grundsubstanz aus: »Häresie liegt da vor, wo man die entscheidende Bedeutung der Christustatsache leugnet oder verkürzt ... Es geht um das Bekenntnis ›Jesus Christus, der Herr, zur Ehre Gottes des Vaters‹« (Walther von Loewenich, Glaube-Kirche-Theologie. Freiheit und Bindung im Christsein, Witten/Ruhr 1958, S. 190).

Im Neuen Testament wird es etwa als schwere innere Bedrohung der christlichen Botschaft angesehen, wenn die »Rechtfertigung allein aus Gnade« zugunsten einer »Gerechtigkeit aufgrund eigener Werke« bestritten wird (Galater 1,6-9). Für die Verfasser des Neuen Testaments ist es auch nicht erträglich, wenn geleugnet wird, dass der Christus (der Logos) in Jesus von Nazareth wirklicher Mensch geworden ist, wie andere Menschen auch (1. Johannes 4,2-3), und wenn stattdessen die Auffassung vertreten wird, Jesus sei nur zum Schein Mensch gewesen, in Wirklichkeit aber ein auf der Erde wandelnder Gott.

In der Geschichte des Christentums wurde die gemeinsame christliche Substanz etwa von einer »dualistischen«, das heißt die Welt in zwei gegensätzliche Bereiche aufteilenden, Gnosis bedroht. Diese Gnosis hielt, wie bei Marcion im 2. Jahrhundert, die Welt für das Werk eines bösen Schöpfergottes, über den der jenseitige gute Erlösergott aber triumphieren werde. Damit war die ganze Natur als durch und durch verdorben und böse verstanden. Demgegenüber betonte die kirchliche Orthodoxie die Einheit des Schöpfers und des Erlösers. »Alles, was Gott geschaffen hat, ist gut, und nichts ist verwerflich, was mit Danksagung empfangen wird; denn es wird geheiligt durch das Wort Gottes und Gebet« (1. Timotheus 4,4-5).

Eine weitere Häresie, die sich durch die Christentumsgeschichte hindurchzieht, ist der Pantheismus, also die Auffassung, Gott und Welt seien miteinander identisch. Hier wird die Welt selbst verabsolutiert, und die Menschen können sich in ihrem Tun und Lassen als unantastbar vorkommen, weil sie ja doch selbst ein Teil des Göttlichen seien. Biblisch dagegen ist der qualitative Abstand von Schöpfer und Geschöpf festzuhalten, und damit die Hoheit Gottes über seine Schöpfung und die Verantwortung der Menschen vor ihrem Schöpfer.

Eine moderne Häresie ist etwa die »Gott ist tot – Theologie« der Jahre 1965 bis 1980, in der Jesus mit seinem vorbildlichen Leben an die Stelle Gottes gesetzt wurde und Gott selbst als abwesend, überflüssig oder »tot« angesehen wurde. Mit einem solchen »christlichen Atheismus« ist der christlichen Botschaft der Boden entzogen, denn diese besagt, dass sich in Jesus Christus nicht bloß ein Prinzip der Liebe und Güte offenbart habe, sondern Gott als der Urgrund und das Ziel von allem.

Etliche Lehrmeinungen, Sondermeinungen und Privatmeinungen, die von der Orthodoxie abzuweichen scheinen, sind aber nicht eigentlich häretisch, sondern eher heterodox (eigenwillig). Manche von ihnen könnten sich sogar zur »Orthodoxie von morgen« entwickeln. Der römisch-katholische Theologe Max Seckler schrieb: »Man muss sich daran erinnern, dass das Kreative und Innovatorische eher im Gewand der Heterodoxie als in dem der Orthodoxie einherkommt. Heterodoxie ist nicht gleich Häresie, aber selbst diese kann ihren Wahrheitswert haben. Über das persönliche Wahrheitsgewissen entscheidet allein Gott; über die objektive Wahrheit dessen, was heute vielleicht als heterodox erscheint, wird auch die Zukunft mitentscheiden, wenn eines Tages vielleicht die Kirche auch in dem, was sie heute zurückweist, ein Stück authentischen Glaubenszeugnisses erkennen sollte« (in: Walter Kern u.a. (Hg.), Handbuch der Fundamentaltheologie Band 4, Traktat *Theologische Erkenntnislehre*, Freiburg 1988, S. 225).

Ein Beispiel christlicher Heterodoxie ist etwa die Allversöhnungslehre (*apokatastasis panton*), die im Unterschied zu der orthodoxen Lehre von der ewigen Verdammnis derer, die sich dem Ruf Gottes versagt haben, eine endgültige Erlösung aller erhofft, freilich nicht als billige Gnade, sondern durch das reinigende, läuternde Gericht Gottes hindurch. Vertreter einer Allversöhnungslehre waren etwa der Kirchenvater Origenes (um 185-254), die württembergischen Pietisten Friedrich Christoph Oetinger (1702-1782) und Johann Michael Hahn (1758-1819) sowie der religiöse Sozialist Christoph Blumhardt (1842-1919).

Soll es sich um Heterodoxie und nicht doch um Häresie handeln, dann muss ein einigermaßen klarer Anhalt an der Bibel gegeben sein. Die Allversöhnungslehre bezieht sich etwa auf Epheser 1,10, wo auf die Zeit vorausgeblickt wird, in der »alles zusammengefasst würde in Christus, was im Himmel und auf Erden ist«.

Ein anderes Beispiel christlicher Heterodoxie ist die Auffassung von einer universalen Heilsoffenbarung Gottes in den Religionen, unter dem Vorbehalt der endgültigen und vollen Offenbarung der Güte und Barmherzigkeit Gottes in Jesus Christus. Danach offenbart sich Gott in der Welt der Religionen nicht nur im »Gesetz«, im Gewissen (so Paulus in Römer 1,18 -2,16), in den sittlichen Ordnungen, die mit menschlicher Weisheit zu erfassen sind, sondern auch heilsam, heilbringend, als erlösende Macht, als Kraft der Güte und Barmherzigkeit.

In diesem Sinn sagte der evangelische Theologe und Religionswissenschaftler Friedrich Heiler (1892-1967) in einer Predigt mit der Überschrift »Das Bethaus aller Völker«: »Gottes Angesicht war der Menschheit von Anbeginn zugewandt – durch die Jahrtausende oder vielleicht Millionen von Jahren, in denen gemäß den modernen naturwissenschaftlichen Erkenntnissen Menschen auf dieser Erde leben. Dieses der Menschheit zugewandte Antlitz Gottes nennen wir Christen Christus oder mit dem Johannesevangelium Logos. Christliche Theologen haben freilich nicht selten vergessen, dass Christus nicht eine christologische Formel ist, sondern eine ewige Wirklichkeit. Die Wirksamkeit dieses Christus beschränkt sich nicht auf die 33 Jahre des Erdenlebens Jesu. Seine Offenbarung ist nicht nur in unserer jüdisch-christlichen Bibel niedergelegt, sondern ist so weit wie die ganze Menschheit, ja so weit wie der Kosmos – denn dieser ist nach dem neutestamentlichen Zeugnis durch ihn geschaffen (Johannes 1,3; Kolosser 1,16)« (in: Emmanuel Jungclaussen (Hg.), Die größere Ökumene. Gespräch um Friedrich Heiler, Regensburg 1970, S. 93-94). Auch für diese Lehrmeinung gibt es biblische Belege, etwa den Prolog des Johannesevangeliums (Johannes 1,1-18) oder den Christushymnus Kolosser 1,15-20 mit seiner Botschaft vom kosmischen, universalen Christus oder Aussagen über die universale Nähe Gottes in der Apostelgeschichte (14,15-18; 17,27-31).

1985 bekannten sich in Westeuropa 23 Prozent der Katholiken und 21 Prozent der Protestanten zur »Reinkarnation« (Wiedergeburt; Wiederverkörperung in neuen Gestalten nach dem Tod) oder zur Seelenwanderung. Sind derartige Auffassungen häretisch? Oder sind sie eher heterodox, stehen sie also bei aller Abweichung von der üblichen Kirchenlehre doch noch im Rahmen der gesamtchristlichen Überlieferung?

Im Allgemeinen ist mit der Reinkarnation der Gedanke des Karma, das Gesetz der Vergeltung verbunden. Danach haben die Menschen mit dem Leiden, das ihnen jetzt widerfährt, ihre in früheren »Inkarnationen« (Verkörperungen) angesammelte Schuld abzuarbeiten, können sich andererseits aber in immer neuen Inkarnationen höher entwickeln, bis sie die Erlösung finden. Dieser Gedanke des Karma ist häretisch, denn er widerspricht der Botschaft von der Rechtfertigung allein aus Gnade. Es gibt aber auch die Fassung der Reinkarnationslehre nach

Gotthold Ephraim Lessing (1729-1781) in seiner Schrift »Die Erziehung des Menschengeschlechts« (1780). Lessing stellt das Gedankenexperiment auf, dass man nur in einer Reihe von Wiedergeburten die Fülle der von Gott geschaffenen Wirklichkeit erfahren könnte. Hier ist ein Gefühl der Dankbarkeit für Gottes gute Schöpfung im Spiel. Eine solche Sicht ist eher heterodox. Allerdings hat die Reinkarnationslehre, in welcher Fassung auch immer, keinen Anhalt an der Bibel selbst (außer einer Andeutung in Johannes 9,1-3, die dort aber sogleich verworfen wird).

Bei der Beurteilung von »Häresie« macht es freilich einen erheblichen Unterschied, ob eine häretische Meinung zu einem Fundamentalartikel des christlichen Glaubens (etwa dem Schöpferhandeln Gottes oder der Offenbarung Gottes in Jesus Christus oder dem ewigen Leben nach dem Tod) vertreten wird, oder nur zu einem Randthema, welches womöglich bei jenen, die diese Sondermeinung vertreten, nicht einmal eine größere Rolle spielt. Ferner macht es einen Unterschied, welche Folgen eine Häresie im täglichen Leben hat. So konnte zu neutestamentlicher Zeit eine dualistische Gnosis, für welche die Welt vom Teufel war, zweierlei Folgen haben: entweder eine strenge Enthaltsamkeit oder aber umgekehrt eine Freizügigkeit und Ausschweifung, nach der man in der Welt machen könne, was man wolle, weil sie ja sowieso böse sei.

Häretische Meinungen zu Fundamentalartikeln des christlichen Glaubens führten häufig zu Verselbständigungen von der Großkirche und zur Bildung von (polemisch »Sekten« genannten) Sondergemeinschaften. Im 19. und 20. Jahrhundert sind hier etwa die Mormonen, die Zeugen Jehovas und die Neuapostolische Kirche zu nennen.

Mit den Bewertungen »orthodox, heterodox und häretisch« werden Urteile vom Standpunkt der Ökumene oder auch nur einzelner Konfessionsfamilien aus gefällt.

Damit ist über die Wahrheit einer bestimmten Lehrmeinung, Sonderlehre oder Privatmeinung aber noch nicht entschieden. Die Wahrheit ist Gott selbst. Alle Konfessionsfamilien und Denominationen haben damit zu tun, sich dieser Wahrheit anzunähern und sich von ihr ergreifen zu lassen.

Wer ist aber überhaupt dazu berechtigt, eine Auffassung als orthodox, heterodox oder häretisch zu beurteilen? Doch nur jene Instanz, die zugleich beurteilen kann, wann man es mit der echten, unverzerrten christlichen Botschaft zu tun hat. Nach römisch-katholischer Auffassung ist das die Kirche in Gestalt ihres Lehramtes, also des Papstes allein oder zusammen mit den ihm unterstellten Bischöfen. Nach reformatorischer Auffassung haben alle Christen (einzeln und auch in der Gemeinschaft mit anderen) die Aufgabe, »die Geister zu prüfen« (1. Johannes 4,1), unbeschadet dessen, dass manchen Christen mehr als anderen die Gabe verliehen ist, »die Geister zu unterscheiden« (1. Korinther 12,10). Eine besondere, aber nicht exklusive Rolle spielen hierbei die wissenschaftlichen Theologen, und zwar nicht wegen ihrer Ämter, etwa an den Universitäten, sondern sofern sie einfach die entsprechende Fachkompetenz haben. In der römisch-katholischen Kirche dagegen hat die wissenschaftliche Theologie mehr eine dienende Funktion: Sie hat dem Lehramt des Papstes und der Bischöfe zuzuarbeiten.

Zusammenfassung

Die gemeinsame christliche Substanz wie auch das Sondergut der einzelnen christlichen Konfessionen und Sondergemeinschaften werden in verschiedener Weise aufgegriffen und verarbeitet, je nachdem, wie das Verhältnis von »Buchstabe und Geist«, von Vorgegebenem und dessen Vergegenwärtigung, von Bindung und Freiheit gesehen wird. Die gemeinsame christliche Substanz kann in strenger Anlehnung an den Wortlaut von Bibel und Bekenntnis angeeignet werden oder aber in mehr oder weniger freier Deutung. Dazwischen gibt es alle möglichen Schattierungen. Die entsprechenden Richtungen »konservativ« und »progressiv« sind noch weiter zu differenzieren. Die Bandbreite reicht von »fundamentalistisch« (traditionalistisch), »gemäßigt konservativ« und »gemäßigt progressiv« (liberal) bis zu »radikal«. An den äußersten Rändern dieses Spektrums ist das Bewusstsein der christlichen Grundgemeinsamkeit weitgehend verloren gegangen.

Die gemeinsame christliche Grundlage ist für die Kirchen der Maßstab dafür, ob bestimmte Lehrmeinungen, Sondermeinungen und Privatmeinungen als »orthodox« (rechtgläubig), »heterodox« (eigenwillig) oder »häretisch« (ketzerisch, irrig) einzuordnen sind. Mit diesen Bewertungen ist über die Wahrheit einer Auffassung noch nicht entschieden, zudem der »Hauptstrom christlicher Überlieferung« nur in einer Menge verschiedener Formulierungen und Denkweisen zu haben ist.

5. Evangelisch und katholisch: Grundhaltungen mit jeweils eigenen Akzenten

– »Evangelisch« und »katholisch« im weiteren Sinn –

Weichenstellung: Wer erfasst die christliche Botschaft und verbürgt ihre Wahrheit?

Was ist der Inhalt der echten (»authentischen«) christlichen Botschaft? Was ist in den biblischen Texten, der vorrangigen Quelle für die christliche Botschaft, nur Beiwerk, also nebensächlich? Und was ist bloß zeitbedingt, also heute überholt? Was in der weiteren christlichen Überlieferung (Tradition) ist sogar ein Missverständnis der ursprünglichen christlichen Botschaft?

Um derartige Fragen sachkundig und angemessen zu beantworten, sind Fachleute gefragt. Dabei ist in erster Linie an Theologen zu denken, die es gelernt haben, die biblischen Texte und die wichtigen kirchengeschichtlichen Dokumente in ihren Ursprachen zu lesen und sie mit Hilfe allgemein anerkannter wissenschaftlicher Methoden zu deuten. Doch gibt es, wie in allen Wissenschaften, auch in der Theologie verschiedene Methoden, Mutmaßungen (Hypothesen), Meinungen und Theorien, etwa im Blick auf die gesicherten Erkenntnisse über das Leben Jesu oder über die Auferstehung Jesu. Auf wen kann man sich da verlassen? Man kann doch nicht den Inhalt der christlichen Botschaft, die von Generation zu Generation weitergegeben werden soll, vom jeweiligen Stand der theologischen Wissenschaft abhängig machen.

Die Kirche, in deren Auftrag und Rahmen die christliche Botschaft laut wird, hat auch ein Wort mitzureden, zumal es in ihr theologischen Sachverstand gibt. Mit welchem Recht stellt sich die Kirche aber auf die Seite der einen theologischen Lehrmeinung und nicht der anderen? Wer spricht überhaupt kompetent für »die Kirche«? Und wer legt die authentische Botschaft fest, wenn es die eine Kirche Jesu Christi nicht anders gibt als in Gestalt verschiedener Konfessionsfamilien und Denominationen?

Zuerst ist der echte (authentische) Inhalt der christlichen Botschaft zu ermitteln. Dann aber ist zu fragen: Was in dieser Botschaft ist zeitübergreifend gültig? Was darin geht uns unbedingt an und ist somit für unser Denken, Fühlen und Handeln verbindlich? Was in den Aussagen der Bibel ist wirklich »Wort Gottes«, das heißt Gottes Anrede an uns? Hier sind die wissenschaftlich arbeitenden Theologen als solche überfordert. Ihre wissenschaftliche Aufgabe ist die Bestandsaufnahme. Doch lässt sich rein wissenschaftlich nicht feststellen, ob diese oder jene religiöse Aussage auch wahr ist, also von Gott kommt. Das Wahrheitszeugnis, das Bekenntnis zum »Wort der Wahrheit« (Epheser 1,13) selbst liegt nicht mehr auf der wissenschaftlichen Ebene.

Nur die Glaubenden (darunter selbstverständlich auch Theologen) können in eigener Verantwortung, im eigenen Wagnis Wahrheit bezeugen. Die Kirche aber ist die Gemeinschaft der Glaubenden. Insofern ist hier die Kirche zuständig. Aber wer spricht für »die Kirche«?

Zwischen den christlichen Konfessionen ist nicht umstritten, dass der Geist Jesu Christi, der Geist Gottes oder der »Heilige Geist« Menschen klarmacht, was der Sinn und das Ziel des Daseins ist. So sagt Jesus in den johanneischen Abschiedsreden: »Wenn jener, der Geist der Wahrheit, kommen wird, wird er euch in alle Wahrheit leiten« (Johannes 16,13a). Der von Gott ausgehende Geist bewegt die Menschen, erleuchtet und erneuert sie. »Ich glaube, dass ich nicht aus eigener Vernunft noch Kraft an Jesus Christus, meinen Herrn, glauben oder zu ihm kommen kann; sondern der Heilige Geist hat mich durch das Evangelium berufen, mit seinen Gaben erleuchtet, im rechten Glauben geheiligt und erhalten; gleichwie er die ganze Christenheit auf Erden beruft, sammelt, erleuchtet, heiligt und bei Jesus Christus erhält im rechten, einigen Glauben« (Martin Luther, Auslegung zum dritten Glaubensartikel im »Kleinen Katechismus« von 1529).

Nur der »Geist der Wahrheit« kann Menschen das »Wort der Wahrheit« nahe bringen und sie dieser Wahrheit gewiss machen. Aber welcher Instrumente, welcher Werkzeuge bedient er sich dabei? Das ist die Weichenstellung. An diesem Punkt gehen eine »evangelische« und eine »katholische« Haltung auseinander. »Evangelisch« und »katholisch« sind hier allerdings immer noch keine strikten Alternativen, sondern unterschiedliche Schwerpunkte oder Akzente. In katholischen Kirchen kommt weit häufiger eine »katholische« Haltung vor, in evangelischen Kirchen häufiger eine »evangelische« Haltung.

Der evangelische Theologe Reinhard Frieling sieht die evangelisch-katholische Grunddifferenz ebenfalls an diesem Punkt der Ermittlung und Vermittlung des Wortes Gottes aufbrechen. Dabei hat er die römisch-katholische und die reformatorischen Kirchen im Blick und erwähnt nicht ausdrücklich die Frage nach der Verbürgung, der Garantie von Wahrheit: »Zwar bekennen beide Kirchen die absolute Autorität des Wortes Gottes. In beiden Kirchen wird auch auf den Glauben des Einzelnen wie auf das Bekenntnis, die Lehre der Kirche, großer Wert gelegt. Doch über der Frage, wie das Wort Gottes vermittelt und aufgenommen wird, und welche Autorität der Kirche dabei zukommt, scheint die gemeinsame Basis auseinander zu brechen« (Katholisch und Evangelisch, S. 12).

72

Inwiefern vermittelt »die Kirche« zwischen Gott und den Menschen? Darum geht es bei dieser evangelisch-katholischen Weichenstellung. Der evangelische Theologe Friedrich Schleiermacher (1768-1834) nannte als »Gegensatz zwischen Protestantismus und Katholizismus«, »dass Ersterer das Verhältnis des Einzelnen zur Kirche abhängig macht von seinem Verhältnis zu Christo, der Letztere aber umgekehrt das Verhältnis des Einzelnen zu Christo abhängig macht von seinem Verhältnis zur Kirche« (Der christliche Glaube nach den Grundsätzen der evangelischen Kirche im Zusammenhange dargestellt, Zweite Ausgabe 1830, Leitsatz zu Paragraph 24).

»Evangelisch und katholisch im weitesten Sinn« sind zwei unverzichtbare Aspekte jeglichen Christseins, die besagen, einerseits auf das Wort der Wahrheit bezogen zu sein und andererseits auf die Kirche als die weltweite Gemeinschaft derer, die diesem Wort der Wahrheit vertrauen. Wird dann aber das Augenmerk stärker auf das Wort oder aber stärker auf die Kirche gerichtet, dann kommt es zu »evangelisch und katholisch im weiteren Sinn« als zweierlei Haltungen. »Katholische Haltung« heißt, die Kirche als die Instanz hochzuhalten, die das Wort der Wahrheit erfasst, vermittelt und als wahr verbürgt. »Evangelische Haltung« heißt, sich die christliche Botschaft, das Wort Gottes, in erster Linie im eigenen Gewissen und Wahrheitsbewusstsein anzueignen.

Katholischer Akzent: die Kirche

Die katholische Instanz für das Erfassen der christlichen Botschaft und das Verbürgen ihrer Wahrheit ist »die Kirche«. Sie garantiert, dass das Wort Gottes unverfälscht bewahrt und weitergegeben wird. Dabei gab und gibt es in den katholischen Kirchen verschiedene Meinungen darüber, durch welche Repräsentanten die Kirche verbindlich spricht: durch ein universales Konzil, also eine weltweite Bischofssynode (ostkirchlich und altkatholisch) oder durch den Papst, allein oder zusammen mit den ihm unterstellten Bischöfen (römisch-katholisch).

Die Kirche wurde schon zu einer Zeit als Heilsanstalt und als Garantin der Wahrheit verstanden, als der Vorrang Roms vor den übrigen Bischöfen noch nicht zementiert war und eher als »Ehrenprimat« (Ehrenvorrang) verstanden wurde, etwa bei Bischof Cyprian von Karthago (um 190-258).

Bischof Irenäus von Lyon (um 140-200) schrieb: »Wo die Kirche ist, da ist der Geist Gottes, und wo der Geist Gottes ist, da ist die Kirche und alle Gnade. Der Geist aber ist die Wahrheit« (Wider die Häresien 3,24,1). Der nordafrikanische Kirchenvater Cyprian von Karthago prägte den Satz: »Gott kann nicht zum Vater haben, wer die Kirche nicht (mehr) zur Mutter hat« (Über die Einheit der katholischen Kirche 6). Cyprian verfocht auch die Heilsnotwendigkeit der Kirche: »Außerhalb der Kirche gibt es kein Heil« (*salus extra ecclesiam non est*). Demgegenüber betonen evangelische Theologen wie beispielsweise Eberhard Jüngel: »Außerhalb von Christus gibt es kein Heil.«

Der Kirchenvater Augustin (354-430), ein höchst eigenständiger Denker, stellte sich in seinem Verhältnis zum Wort Gottes unter die Autorität der Kirche: »Ich würde dem Evangelium keinen Glauben schenken, wenn mich nicht die Autorität der katholischen Kirche dazu bewegt hätte« (Wider den so genannten Fundamentalbrief des Mani 5).

Ein Grund dafür, sich auf die Autorität der Kirche zu verlassen, war in der Alten Kirche die geistliche und geistige Bedrohung durch Irrlehren. Im Fall Augustins war

74

das der dualistische (die Welt als durch und durch böse beurteilende) und Askese fordernde Manichäismus, dem er fast ein Jahrzehnt lang anhing. Dazu kam das Problem, dass erst ab 200 der »Kanon«, die Liste der verbindlichen neutestamentlichen Schriften, einigermaßen fest stand. Der Kanon wurde im Osten 367 durch den Osterfestbrief des Athanasius vollends festgeschrieben, und im Abendland erst 397 und 419 in den Synoden zu Karthago. So suchte man, auch abgesehen von den Bibeltexten, Instanzen, die der Verwirrung der Geister Einhalt boten und klarstellten, was die christliche Botschaft besagt und was nicht. Eben das war die Kirche, und zwar in Gestalt mehrerer Instanzen: der Bischof, der sein Amt bis in die Zeit der Apostel zurückführte, die Bischofsversammlung (Konzil, Synode), das Glaubensbekenntnis und die Liturgie.

Das Prinzip der Kirche als der Instanz für die Vermittlung des Evangeliums und für die Garantie seiner Wahrheit nahm in der nachreformatorischen römisch-katholischen Kirche verschärfte Formen an. Nach der *»fides implicita«*, dem unentfalteten, indirekten Glauben, ist es entscheidend, der Kirche den Vertrauensvorschuss zu geben und das zu glauben, was die Kirche glaubt, auch wenn man das selbst nicht versteht oder nicht einmal kennt. So heißt es im Lehrbekenntnis von Trient (*Professio Fidei Tridentinae*) 1564: »Die heilige katholische und apostolische Römische Kirche anerkenne ich als Mutter und Lehrerin aller Kirchen. Und dem römischen Pontifex, dem Nachfolger des seligen Apostelfürsten Petrus und Stellvertreter Jesu Christi, gelobe und schwöre ich wahren Gehorsam. – Ferner nehme ich ohne zu zweifeln an und bekenne alles, was sonst von den heiligen kanonischen und ökumenischen Konzilien und insbesondere von der hochheiligen Tridentinischen Synode überliefert, definiert und erklärt worden ist; zugleich auch verdamme ich in gleicher Weise,

verwerfe und schließe ich aus alles, was dagegen ist, nämlich, was immer für Häresien von der Kirche verdammt,
verworfen und ausgeschlossen worden sind.«

Die Präambel des »Antimodernisteneides« von 1910,
den jeder römisch-katholische Priester bis 1967 abzulegen hatte, lautet: »Ich bekenne mich unerschütterlich zu
allen und jeden Wahrheiten, welche die Kirche durch ihr
unfehlbares Lehramt definiert, angenommen und erklärt
hat, besonders zu denjenigen Grundpfeilern der Lehre, die
sich gegen die Irrtümer dieser Zeit richten.«

Evangelischer Akzent: die einzelnen Christen

Katholisch gesehen ist die Kirche die »Mutter und
Lehrmeisterin der Glaubenden«. Evangelisch gesehen ist
sie »das Geschöpf des Wortes Gottes« (*creatura verbi*).
Evangelisch wird ein eigener, nicht vorrangig durch den
Filter der Kirche vermittelter Zugang zum Wort Gottes gesucht. Es wird gefragt, ob das, was die Kirche lehrt, tatsächlich dem biblischen Zeugnis entspricht und wirklich
»Wort Gottes« (Wort der Wahrheit) ist. Die Verkündigung
der Kirche wird am biblischen Zeugnis überprüft.

Die katholische Instanz zur Feststellung, Vermittlung
und Verbürgung des Wortes Gottes ist die Kirche, die
evangelische Instanz ist – nach herkömmlicher Meinung
– die Bibel, die sich sozusagen selbst auslegt. Diese
Gegenüberstellung Kirche und Bibel ist freilich etwas un-
genau, denn auch der katholischen Haltung ist daran gelegen, die biblische Botschaft unverfälscht aufzunehmen.
Eben das soll ja die Kirche garantieren.

Die evangelische Instanz zur Feststellung, Vermittlung und Verbürgung des Wortes Gottes, wie es in der Bi-

bel bezeugt ist, sind die einzelnen Christen mit ihrem Gewissen, ihrem Wahrheitsbewusstsein, ihrer Einsicht und Erfahrung. Sie selbst suchen das Wort Gottes zu verstehen. Sie selbst müssen, durch das Wirken des Heiligen Geistes, persönlich von seinem Wahrheitsgehalt überzeugt werden. Dies ist in Artikel 5 des evangelisch-lutherischen Augsburger Bekenntnisses von 1530 gemeint: »Um diesen Glauben zu erlangen, hat Gott das Predigtamt eingesetzt, das Evangelium und die Sakramente gegeben, durch die er als durch Mittel den Heiligen Geist gibt, der den Glauben, wo und wann er will (*ubi et quando visum est Deo*), in denen, die das Evangelium hören, wirkt, das da lehrt, dass wir durch Christi Verdienst, nicht durch unser Verdienst, einen gnädigen Gott haben, wenn wir das glauben.«

Auf geradezu klassische Weise standen die katholische und die evangelische Haltung beim Reichstag zu Worms im April 1521 einander gegenüber. Martin Luther musste vor Kaiser Karl V. und den Reichsständen Rechenschaft über seine reformatorische Bewegung ablegen. Er wurde aufgefordert, die Aussagen zu widerrufen, für die ihn der Papst mit dem Bann und damit mit der Exkommunikation, also dem Ausschluss aus den Sakramenten, bestraft hatte. Luther lehnte am 18. April 1521 ab. Dabei berief er sich auf die Bibel, um deren angemessene Auslegung es ja ging, sowie auf die Vernunft und auf das Gewissen, als den inneren Instanzen und Instrumenten, mit deren Hilfe er sich das Wort der Wahrheit erschließen ließ: »Werde ich nicht durch Zeugnisse der Schrift oder durch klare Vernunftgründe überwunden – denn ich glaube weder dem Papst noch den Konzilien allein, da es am Tage ist, dass sie des Öfteren geirrt und sich selbst widersprochen haben –, so bleibe ich überwunden durch die von mir angeführten Stellen der Schrift und mein Gewissen gefangen durch Gottes Wort. Widerrufen kann und will ich nichts, denn es ist weder sicher noch heilsam, gegen das Gewissen zu handeln. Gott helfe mir, Amen.«

Am Tag darauf gab Kaiser Karl V. eine Erklärung ab. Darin sagte er im Blick auf Luther: »Es ist sicher, dass ein einzelner Bruder irrt, wenn er gegen die Meinung der ganzen Christenheit steht, da sonst die Christenheit tausend Jahre oder mehr geirrt haben müsste.« Evangelischerseits wird freilich bestritten, dass die Meinung des Papstes um 1521 wirklich die Meinung von eineinhalb Jahrtausend Christenheit gewesen sei. Einmal standen die Reformatoren in einer langen Tradition von Christen und theologischen Lehren der Alten Kirche und des Mittelalters. Zum anderen beriefen sie selbst sich auf die Konzilien der Alten Kirche. Ferner wurde im Mittelalter die äußere Einheit der Kirche mit Brutalität festgehalten, durch Verfolgungen abweichender Gruppen, durch Kriege und Ketzerverbrennungen.

Für die Reformatoren waren Sachverstand, Vernunft und Erfahrung die menschlichen Werkzeuge, um den Sinn der biblischen Botschaft zu erfassen. In seiner Schrift »Vom unfreien Willen« (1525) unterscheidet Luther zwischen »äußerer Klarheit« (*claritas externa*) und »innerer Klarheit« (*claritas interna*) der Bibel. Mit Hilfe der zur Verfügung stehenden vernünftigen und wissenschaftlichen Methoden lässt sich die Bedeutung der biblischen Botschaft erschließen. Die »innere Klarheit« dagegen, der Wahrheitsgehalt der biblischen Botschaft, wird durch den Heiligen Geist ins menschliche Herz gegeben: »Wenn du von der inneren Klarheit sprichst, so wird kein Mensch eines einzigen Buchstabens in der Schrift gewahr, wenn er nicht den Geist Gottes besitzt. Alle haben ein verfinstertes Herz, so dass sie, wenn sie auch alles, was in der Schrift steht, zu sagen und vorzubringen wissen, nichts davon wahrnehmen oder erkennen ... Der Geist wird nämlich erfordert zum Verständnis der ganzen Schrift oder irgendeines ihrer Teile. Wenn du aber von der äußeren Klarheit sprichst, so ist überhaupt nichts unklar oder zweifelhaft gelassen, sondern alles, was auch immer in der Schrift enthalten ist, ist durch das Wort in das gewisseste Licht gebracht und aller Welt dargelegt.«

Auch für den Genfer Reformator Johannes Calvin (1509-1564) ist die biblische Botschaft in sich klar zu verstehen. Doch die Gewissheit über die Autorität der Bibel und damit über die Wahrheit ihrer Botschaft wird durch den Heiligen Geist geschenkt. Dies ist das »innere Zeugnis des Heiligen Geistes« (*testimonium spiritus sancti internum*). Dieses Zeugnis gibt Einsicht in die Wahrheit der biblischen Botschaft, wonach die Menschen von Gott allein aus Gnade angenommen werden. »Der Geist selbst gibt Zeugnis unserm Geist, dass wir Gottes Kinder sind« (Römer 8,16).

In der anglikanischen Kirche werden Heilige Schrift und kirchliche Überlieferung (besonders die sechs ökumenischen Konzilien von Nicaea 325, Konstantinopel 381, Ephesus 431, Chalcedon 451, Konstantinopel 553, Konstantinopel 680-681) als vorrangige Glaubensquellen hochgehalten. Dabei bildet die Bibel die entscheidende Norm: »Die Heilige Schrift enthält alles, was zum Heil notwendig ist, sodass, was darin nicht zu lesen steht und daraus nicht bewiesen werden kann, niemandem als Glaubensartikel oder als etwas Heilsnotwendiges auferlegt werden darf« (39 Artikel von 1571, Artikel 6). Als dritte Komponente ist in der anglikanischen Kirche die Vernunft (reason) von besonderer Bedeutung, und damit die eigene Erfahrung und die Freiheit, die Wahrheit selbstständig zu suchen.

Aus evangelischer Sicht ist der menschliche Geist grundsätzlich in der Lage, die biblische Botschaft unverfälscht und unverkürzt zu verstehen. Die entsprechende Instanz im Menschen kann man als »Vernunft«, als »Gewissen« oder als »Wahrheitsbewusstsein« bezeichnen. »Vernunft« weist darauf hin, dass es wie auf allen Wissensgebieten auch im Erfassen der Bibel und der biblischen Botschaft bestimmte Methoden und Erkenntnisse gibt, die zu beachten sind. Wie auch sonst in der Analyse historischer Dokumente oder religiöser Texte, bedarf es aller Regeln der Kunst, um das, was der Fall ist, angemessen wahrzunehmen. Zugleich aber gibt es im religiösen Bereich die Ebene der Weisheit, der Lebenserfahrung, der Tiefenschau. »Gewissen« erinnert daran, dass die christliche Botschaft nicht ein bloßes System intellektueller Erkenntnisse ist, sondern von Schuld und Erlösung, von Gericht und Gnade handelt. Die Bibel ist letztlich nur in existenzieller Betroffenheit zu verstehen. »Wahrheitsbewusstsein« deutet darauf hin, dass es im Evangelium Jesu Christi um nichts anderes als die Wahrheit geht, die über Sinn oder Sinnlosigkeit des Daseins entscheidet. Der Wahrheit aber kann man sich nur in der Haltung der Wahrheitssuche, der Wahrheitsliebe nähern. Dass es zur Glaubensgewissheit kommt, ist ein Geschenk des Geistes Gottes.

Auf den Anspruch des Wortes Gottes müssen alle, die ihn vernommen haben, jeweils selbst und unvertretbar antworten. »Wir sind allesamt zum Tode gefordert, und es wird keiner für den anderen sterben, sondern ein jeder wird in eigener Person für sich mit dem Tode kämpfen. In die Ohren können wir einander wohl schreien, aber jeder muss für sich selbst geschickt sein in der Zeit des Todes. Ich werde dann nicht bei dir sein noch du bei mir. In dieser Lage muss deshalb jedermann selber die Hauptstücke, die einen Christen angehen, gut wissen und gerüstet sein« (Martin Luther, die erste Invokavit-Predigt am 9. März 1522 in Wittenberg).

Dabei ist auch für die evangelische Haltung kein Mensch ein isoliertes Wesen. Individualität und andererseits Gemeinschaft sind Grundgegebenheiten des Menschseins. Die Menschen bedürfen einander, um Christen zu werden und zu bleiben. Es sind andere, von denen man das Wort der Wahrheit übermittelt bekommen hat und die es glaubwürdig vorgelebt haben. Es sind andere, von denen man im Glauben gestärkt wird und mit denen man gemeinsam bessere Einsicht und ein vertieftes Verständnis sucht. Auch wenn für die evangelische Haltung die einzelnen Christen mit ihrem Gewissen und ihrem Wahrheitsbewusstsein die biblische Botschaft erfassen und dessen Wahrheit vernehmen, so tun sie das doch nicht isoliert voneinander, sondern im Austausch, im Suchen nach Konsens.

Die Wahrheitserkenntnis der einzelnen Christen muss zusammenfließen, damit sie für die Öffentlichkeit und für die Weitergabe des Glaubens an die kommenden Generationen fruchtbar werden kann. Die Wahrheitserkenntnis ist nicht bloß »subjektiv«, sondern zugleich »intersubjektiv«, das heißt gemeinschaftlich. So ist in den reformatorischen Kirchen das Ringen um die Grundübereinstimmung im Glauben unverzichtbar. Auf lokaler, regionaler, nationaler und weltweiter Ebene gibt es Synoden, die aus Nichttheologen und Theologen bestehen und auf denen solche Übereinstimmungen formuliert werden. Ein *magnus consensus* (volle Übereinstimmung) wird gesucht: »So entsteht der *magnus consensus* im geduldigen Dialog mit den Brüdern und Schwestern, im ständigen Hören auf die Heilige Schrift und die Bekenntnisse und im Vertrauen auf den Beistand des Heiligen Geistes, der uns in alle Wahrheit führen will« (Was gilt in der Kirche?, S. 63).

Der katholische Fundamentalunterschied von Priestern und Laien spielt hier keine Rolle. Evangelisch gilt das »allgemeine Priestertum aller Getauften« (nach 1. Petrus 2,9), wonach sich Christen gegenseitig ermahnen und ermutigen, beraten, befragen, unterrichten, kritisieren und korrigieren. Zu diesem »allgemeinen Priestertum« gehören selbstverständlich auch die geistlichen Amtsträger (»geweihte Priester«; ordinierte Pfarrerinnen und Pfarrer). Aber diese werden vor den »Laien« nicht besonders herausgehoben.

»Allein die Heilige Schrift« (*sola scriptura*) lautet das reformatorische »Formalprinzip«. Danach ist die Heilige Schrift die maßgebende Glaubensquelle. Alle christliche Verkündigung, alle kirchliche Tradition und Ordnung ist an der Bibel zu messen. Demgegenüber hat das römisch-katholische Konzil von Trient in der 4. Sitzung am 8. April 1546 angeordnet, die Heilige Schrift und die Überlieferungen der Kirche »mit gleicher frommer Bereitschaft und Ehrfurcht (*pari pietatis affectu et reverentia*) zu verehren«.

Allerdings haben sich diese Gegensätze zu Akzentunterschieden abgemildert. Auch evangelischerseits wird die Bibel als »Buch der Kirche« gesehen, denn sie ist als Niederschlag ursprünglicher mündlicher Verkündigung im Raum der Kirche entstanden. Die Kirche hat in bestimmten Schriften die maßgebliche Stimme Gottes vernommen und diese Schriften für verbindlich erklärt, und die Bibel wird durch die Lehre und Verkündigung der Kirche weitergegeben. Aus evangelischer Sicht ist auch in der kirchlichen Überlieferung verbindliche Wahrheit zu suchen und zu finden. Maßstab dabei ist allerdings der rote Faden in der Bibel, den Martin Luther als »Kanon im Kanon« bezeichnet hat.

Umgekehrt ist auch für die römisch-katholische Kirche die Bibel die Vorgabe, auf die sich die kirchliche Verkündigung bezieht. »Die Heilige Schrift ist Gottes Rede, insofern sie unter dem Anhauch des Heiligen Geistes schriftlich aufgezeichnet wurde. Die Heilige Überlieferung aber gibt das Wort Gottes, das von Christus dem Herrn und vom Heiligen Geist den Aposteln anvertraut wurde, unversehrt an deren Nachfolger weiter, damit sie es unter der erleuchtenden Führung des Geistes der Wahrheit in ihrer Verkündigung treu bewahren, erklären und ausbreiten« (Zweites Vatikanisches Konzil, Offenbarungskonstitution Nr.9). Auch wenn die Bibel den Vorrang vor allen anderen Glaubensquellen behält, ist doch nach römisch-katholischer Sicht die Kirche mit ihren Dogmen, Ämtern und Bischofsversammlungen die maßgebliche Auslegungsinstanz dafür, was in Bibel und Tradition gilt.

Evangelische und katholische Akzente in der Bibel

Überall dort, wo das unmittelbare Verhältnis der Glaubenden zu Gott betont wird, kann man in der Bibel von einem »evangelischen Akzent« reden: etwa bei Stephanus (Kritik am Gesetz des Mose, Vorbereitung der Mission unter »Heiden«), Paulus (Rechtfertigung allein aus Gnade, allein im Glauben) und Johannes (die befreiende Kraft Jesu).

In Jeremia 31,31-34 ist davon die Rede, Gott werde im »neuen Bund« den Mitgliedern seines Volkes sein Gesetz »in ihr Herz geben«. »Es wird keiner den andern noch ein Bruder den andern lehren und sagen: ›Erkenne den Herrn‹, sondern sie sollen mich alle erkennen, beide, klein und groß, spricht der Herr« (Jeremia 31,34).

Im Johannesevangelium ist etwa die Geschichte von der Begegnung Jesu mit der Samaritanerin zu erwähnen (Johannes 4,1-42). Als die Frau von Jesu wunderbarer Weisheit erzählt, kommen etliche Bewohner der Stadt Sychar zum Glauben an Jesus. Dann kommt Jesus selbst in die Stadt, und der Glaube aus zweiter Hand wandelt sich zu einem Glauben aus erster Hand: »Noch viel mehr glaubten um seines Wortes willen und sprachen zu der Frau: Von nun an glauben wir nicht mehr um deiner Rede willen; denn wir haben selber gehört und erkannt: Dieser ist wahrlich der Welt Heiland« (Johannes 4,41-42).

Die Begegnung mit Jesus führt zu eigenem Glauben: »Herr, wohin sollen wir gehen? Du hast Worte des ewigen Lebens; und wir haben geglaubt und erkannt: Du bist der Heilige Gottes« (Johannes 6,68-69). Auch aus dem Tun des Willens Gottes kommt es zur Wahrheitsgewissheit: »Jesus sprach: Meine Lehre ist nicht von mir, sondern von dem, der mich gesandt hat. Wenn jemand dessen Willen tun will, wird er innewerden, ob diese Lehre von Gott ist oder ob ich von mir selbst aus rede« (Johannes 7,16-17).

Ein »katholischer« Akzent liegt im Neuen Testament zum Beispiel dort, wo das Gesetz des Mose eingeschärft wird, wo die Verkündigung des Wortes Gottes auf die apostolischen Anfänge festgelegt wird oder wo die Autorität kirchlicher Ämter hochgehalten wird. Petrus, der Herrenbruder Jakobus (das Gesetz des Mose behält auch für Christen Gültigkeit) und die Pastoralbriefe (1. und 2. Timotheus; Titus) haben in diesem Sinn »katholische« Züge.

»Katholisch« akzentuiert sind jene Texte, in denen der Kirche ein besonderer Rang zugeschrieben wird. So ist nach 1. Timotheus 3,15 die Kirche »ein Pfeiler und eine Grundfeste der Wahrheit«. Im Epheserbrief ist die Kirche als der Leib Christi und Christus als das Haupt dieses Leibes verstanden (Epheser 1,22-23; 5,23). Nach diesem Bild ist einerseits Christus der Kirche übergeordnet. Andererseits kann er gar nicht ohne die Kirche existieren, wie der Kopf eines Menschen nicht ohne seinen Rumpf existieren kann.

Auch Matthäus 16,16-19 zeigt eine deutlich »katholische« Akzentuierung. Die Kirche wird auf Simon Petrus als den »Felsen« gebaut (Matthäus 16,18), wie nach Ephe-

84

ser 2,20 die Kirche »auf den Grund der Apostel und Propheten« gebaut ist, mit Christus als dem »Eckstein«. Eine »evangelische« Ausrichtung findet sich demgegenüber in 1. Korinther 3,11, wo Christus als das Fundament bezeichnet ist: »Einen andern Grund kann niemand legen als den, der gelegt ist, welcher ist Jesus Christus.«

Wenn nun in der Bibel, der maßgeblichen Glaubensquelle, evangelische wie katholische Akzente zu entdecken sind, kann es sich bei diesen Akzenten nicht um einander ausschließende Unterschiede handeln. Was die evangelische Weichenstellung betrifft, nach der man den Sinn und die Wahrheit der biblischen Botschaft vor allem im Gewissen und im Wahrheitsbewusstsein erfasst, so kommt man nicht aus ohne die Einsicht, die Erfahrung und die bewährten Rituale und Symbole der Kirche als der Gemeinschaft der Glaubenden. Auch nach katholischer Weichenstellung, nach der man den Sinn und die Wahrheit der biblischen Botschaft vor allem von der Kirche als der »Mutter und Lehrmeisterin« gewinnt, kommt man nicht aus ohne eigene Entscheidung, ohne selbst verantworteten Glauben, ohne persönliche Überzeugung und Heilsgewissheit.

Evangelische Schwerpunkte: Wahrhaftigkeit und Freiheit

Ein Schwerpunkt einer »evangelischen« Haltung ist Wahrheitssuche und Wahrheitsliebe. Die Wahrheit hat Vorrang etwa vor der Einheit der Kirche. Man folgt der selbst erkannten Wahrheit auch dann, wenn dadurch diese Einheit aufs Spiel gesetzt oder im Extremfall zerbrochen wird. Dafür bietet die Zeit der Reformation genügend Beispiele.

Für die Reformatoren war die Botschaft von der »Rechtfertigung allein aus Gnade« der »Glaubensartikel, mit dem die Kirche steht und fällt«. Sollte diese Lehre in der römischen Kirche zugelassen sein, mit allen Konsequenzen freilich, die das für das christliche Leben und für die Sicht der Kirche hat, dann wollten die Reformatoren um der Ordnung und der Gemeinschaft willen einen verwaltungsmäßigen Vorrang des Bischofs von Rom anerkennen. Der Vorrang der Wahrheit, auf die es im Leben und Sterben ankommt, war für sie aber unumstößlich: Auf der Wahrheit muss man beharren; um der Wahrheit willen muss man im Zweifelsfall auch den kirchlichen Gehorsam aufkündigen. »Nach göttlichem Recht besteht das bischöfliche Amt darin, das Evangelium zu predigen, Sünden zu vergeben, Lehre zu (be)urteilen und die Lehre, die gegen das Evangelium ist, zu verwerfen und die Gottlosen, deren gottloses Wesen offenkundig ist, aus der christlichen Gemeinde auszuschließen – (und zwar) ohne menschliche Gewalt, sondern allein durch Gottes Wort (*sine vi humana, sed verbo*). Und hierin sind die Pfarrleute und die Kirchen den Bischöfen gehorsam zu sein schuldig gemäß dieses Spruches Christi: ›Wer euch hört, der hört mich‹ (Lukas 10,16). Wenn (die Bischöfe) aber etwas gegen das Evangelium lehren, festsetzen oder einrichten, haben wir Gottes Befehl, in einem solchen Fall nicht gehorsam zu sein« (Augsburger Bekenntnis, Artikel 28).

In seiner Vorlesung über den Galaterbrief von 1531 wollte Luther den Papst als römischen Bischof anerkennen, falls er, was für Luther freilich unrealistisch war, die Rechtfertigungslehre gelten lassen wollte: »Das begehren wir, dass Gottes Ehre und die Glaubensgerechtigkeit unverletzt bewahrt werden, sodass wir selbst gerettet werden können. Wenn wir das erlangen, dass anerkannt wird, Gott allein aus lauter Gnade rechtfertigt durch Christus, dann wollen wir den Papst nicht nur auf Händen tragen, sondern ihm auch die Füße küssen.« Dabei musste sich für Luther und die anderen Reformatoren die Rechtfertigungslehre in allen Bereichen des Glaubens, der Ethik und der Gestalt und Ordnung der Kirche auswirken.

Die Wahrhaftigkeit, ein Schwerpunkt evangelischer Haltung, kann freilich noch weitergehen, als die Reformatoren das im Blick hatten. Sie kann sogar die christliche Botschaft selbst in Frage stellen. Solcher Zweifel darf dann aus Gründen des Wahrheitsbewusstseins nicht unterdrückt werden. Ein ernsthafter Zweifel, der nichts mit Arroganz oder Zynismus zu tun hat, ist sogar ein Zeichen besonderer Wahrheitsliebe.

Mit Berufung auf Augustin schrieb Paul Tillich, »dass in der Situation des Zweifels die Wahrheit, von der man sich getrennt fühlt, gegenwärtig ist, da in jedem Zweifel die Bejahung der Prinzipien der Wahrheit vorausgesetzt ist« (Systematische Theologie Band 3, S. 262). Für Tillich ist der Zweifel der ständige Begleiter des Glaubens. Auch gläubige Christen haben den Zweifel in sich. Wenn sie diesen nicht wahrhaben wollen, sondern in sich zu unterdrücken suchen, werden sie eifernd und fanatisch. Tillich verstand die reformatorische Lehre von der »Rechtfertigung des Sünders« auch als »Rechtfertigung des Zweiflers«: Nicht nur in ihrer Lebensführung, sondern auch in ihrem Denken und Erkenntnisstreben haben sich die Menschen von Gott entfernt und bedürfen der Vergebung und der Annahme durch Gott. »Nicht nur der, der in der Sünde ist, sondern auch der, der im Zweifel ist, wird durch den Glauben gerechtfertigt. Die Situation des Zweifelns, selbst des Zweifelns an Gott, braucht uns nicht von Gott zu trennen« (Gesammelte Werke, Band 7, S. 14). Sofern der Zweifel aus der Wahrhaftigkeit kommt, signalisiert er sogar eine heimliche Gottverbundenheit, weil Gott selbst der Inbegriff und die Quelle aller Wahrheit ist. Sünde im Bereich des Denkens sind etwa die Bemühungen, Gott durch das eigene Denken beweisen zu wollen, so als wäre Gott ein Teil der geschaffenen Welt und nicht deren alles bedingender Schöpfer. Sünde ist auch Autoritätshörigkeit und die Preisgabe des eigenen Denkens um irgendeiner Organisation oder Ideologie willen. Aus der Rechtfertigung des Zweiflers folgt für die Kirche, dass sie niemals unfehlbar sein kann: »Nicht nur unser Handeln, sondern auch unser Denken steht unter dem göttlichen ›Nein‹. Niemand, auch kein Gläubiger, auch keine Kirche kann sich der Wahrheit rühmen, wie sich niemand der Liebe rühmen kann« (Paul Tillich, Gesammelte Werke, Band 12, S. 33).

Auch in seinen Predigten konnte Tillich den Zweifel positiv würdigen, sofern er ein Antrieb ist, um den immer größeren Gott zu ringen: »Wenn einer käme und uns sagte, dass er von der christlichen Kirche und ihren Grundlagen entfremdet sei, dass er die Gegenwart und Macht des Heiligen Geistes nicht fühle, dass er leer sei von geistlicher Erkenntnis, aber dass er immer und immer wieder die theologische Frage stelle, die Frage nach dem, was ihn unbedingt angeht und nach Jesus als dem Christus – dann würden wir ihn einen Theologen nennen. Vielleicht würden wir die Ernsthaftigkeit seines Zweifels prüfen, um zu sehen, ob nicht sein Zweifel und seine Verzweiflung ein raffinierter Ausdruck seines Hochmuts sind. Aber wenn wir von seiner Ernsthaftigkeit überzeugt wären, würden wir ihn als Theologen anerkennen« (In der Tiefe ist Wahrheit. Religiöse Reden, 1. Folge, Stuttgart 1952, S. 114-115).

Einer der entschiedensten Vertreter einer religiös motivierten Wahrhaftigkeit war Albert Schweitzer (1875-1965). Für ihn war es ein Leitgedanke seines ganzen theologischen Arbeitens, »dass Wahrhaftigkeit in allem zum Geiste Jesu gehört« (Gesammelte Werke 1, S. 76). Schweitzer verstand sich als »ein Eiferer für das Wahrhaftigsein unseres heutigen Christentums« (S. 69). Dass die Wahrhaftigkeit auch von der christlichen Botschaft wegführen kann, veranschaulichte Schweitzer an dem Theologen David Friedrich Strauß (1808-1874). Der Verfasser des »Leben Jesu« hielt die meisten Evangelientexte für unhistorisch und deutete das neutestamentliche Bild von Jesus als einen Christus-Mythos, eine Christus-Idee. Der Gottmensch Christus sei im Grunde Ausdruck für die Menschheit, die als Ganze gottmenschlich sei. Strauß entfernte sich zusehends vom Glauben an einen personal zu verstehenden Gott und kam schließlich bei einem Pantheismus an, in dem die Natur selbst göttlich ist. Schweitzer urteilte in seiner »Geschichte der Leben-Jesu-Forschung« über den Evangelienkritiker Strauß: »Er war nicht der größte und nicht der tiefste unter den Theologen, aber der wahrhaftigste.«

Christen können sich Wahrhaftigkeit leisten, weil der barmherzige, menschenfreundliche Gott selbst die Wahrheit ist und jene, die nach der Wahrheit suchen, bereits von dieser Wahrheit ergriffen sind. Irrtum ist dabei nicht ausgeschlossen. Aber auch der Irrtum, der aus ernsthafter Wahrheitssuche kommt, ist ein Mosaiksteinchen zu neuem Nachdenken. Er kann ein fruchtbarer Impuls zu neuen Fragestellungen und Einsichten sein. Dabei ist etwa an David Friedrich Strauß zu denken, der mit seiner These vom mythologischen Charakter der Evangelien immerhin das Nachdenken über die notwendige Symbolhaftigkeit religiöser Vorstellungen und Aussagen gefördert hat. Man kann auch an den aus einem evangelischen Pfarrhaus stammenden Philosophen Friedrich Nietzsche (1844-1900) denken. Seine Parole »Gott ist tot« hat immerhin den Gesichtspunkt ans Licht gebracht, dass Gott, auch wenn er als Gott gar nicht tot sein kann, doch aus dem Bewusstsein zahlreicher Menschen verschwunden zu sein scheint. Damit ist zu fragen, wie Gott den Menschen wieder lebendig werden kann.

Zur Wahrhaftigkeit gehört, dass man nicht von der Angst besessen ist, im unvoreingenommenen Suchen und Forschen und in der offenen Begegnung mit Andersdenkenden den eigenen Glauben zu verlieren.

Diese Wahrhaftigkeit gibt es also nicht unter innerem Zwang, sondern nur in Freiheit. Nach Paulus zeigt sich die durch die Macht der Liebe gekennzeichnete Wahrheit Jesu Christi gerade daran, dass sie zu innerer Freiheit führt und damit auch zur Freiheit von eigenen Trieben, Eitelkeiten und Süchten: »Zur Freiheit hat uns Christus befreit! So steht nun fest und lasst euch nicht wieder das Joch der Knechtschaft auflegen!« (Galater 5,1). Glaubende vertrauen auf die Barmherzigkeit Gottes. Sie gewinnen ihre Gemeinschaft mit Gott nicht daraus, dass sie an alten religiösen Vorschriften festhalten und diese befolgen, selbst wenn sie ihnen nicht mehr einleuchten sollten. Solchen Zwängen gegenüber sind sie frei geworden, und nun können sie prüfen, was dem Geist der Liebe entspricht.

Mit der Wahrhaftigkeit wird auch die Freiheit zur Selbstkritik und zur Selbstrelativierung gewonnen. Man kann weder sich noch andere für unfehlbar halten. Man wird auch frei dazu, unangenehme Wahrheiten über sich selbst zu verkraften.

Nur eine frohe Botschaft macht frei. Würde der Nihilismus, die Sinnlosigkeit, gelten, dann wäre die Wahrheit bedrückend. Läuft aber alles auf das Reich Gottes hinaus, dann hat die Wahrheit eine befreiende Wirkung: »Der Herr ist der Geist; wo aber der Geist des Herrn ist, da ist Freiheit« (2. Korinther 3,17). Mit der eigenen religiösen Überlieferung kann man frei umgehen und die eigene Kirche kann man kritisch befragen, wenn man an Jesus Christus (den »Herrn«) gebunden ist.

Jesus von Nazareth selbst ist das Urbild einer in der Wahrheit gegründeten Freiheit. In seinem liebevollen

Umgang mit Ausgestoßenen, mit schuldig Gewordenen und mit den zu seiner Zeit als zweitrangig eingestuften Frauen zeigte er ohne Rücksicht auf Traditionen und Konventionen, dass die Menschen Gottes geliebte Geschöpfe und Kinder sind. In seiner unbedingten Wahrhaftigkeit war er so frei, das in seiner jüdischen Glaubensgemeinschaft als unantastbar und unfehlbar geltende Gesetz des Mose kritisch zu befragen. So stellt er in den Antithesen der Bergpredigt (Matthäus 5,21-48) den Forderungen des mosaischen Gesetzes (»Ihr habt gehört, dass gesagt ist ...«) sein »Ich aber sage euch ...« gegenüber.

Im evangelischen Nachdruck auf Wahrhaftigkeit und Freiheit liegen freilich bestimmte Gefahren. So können sich Tendenzen zur Willkür und Beliebigkeit einschieben. Es kann zu einem Subjektivismus kommen, wo »jeder sein eigener Papst« ist. Nicht selten entwickelt sich eine Gleichgültigkeit gegenüber größeren kirchlichen Zusammenhängen, und dann erheben sich manche »kleinen Päpste«, die eine Anhängerschaft um sich scharen und ihre eigene Privatkirche aufbauen. Das führt zu heilloser Zersplitterung.

In den reformatorischen Kirchen scheint fast alles möglich zu sein, vom Fundamentalismus (Verbalinspiration der Bibel) bis zum Unitarismus (der die Dreieinigkeit Gottes ablehnt oder sogar in einen Pantheismus übergeht). Man ist nicht immer bereit, aufeinander zu hören und voneinander zu lernen. Für Außenstehende ist dann nicht mehr klar, was eigentlich unverzichtbar, verbindlich und gemeinsam evangelisch ist.

Katholische Schwerpunkte: Geborgenheit und Bindung

Die Schriftstellerin Gertrud von le Fort (1876-1971), ursprünglich Mitarbeiterin des liberalen evangelischen Theologen Ernst Troeltsch (1865-1923), wurde römisch-katholisch und verherrlichte die Kirche in ihrem Gedicht-zyklus »Hymnen an die Kirche«. Wer umgekehrt von der römisch-katholischen zu einer reformatorischen Kirche übertritt, käme gar nicht auf die Idee, den Lobpreis auf die Kirche anzustimmen.

Auch die Psychologin und Publizistin Christa Meves trat 1987 zur römisch-katholischen Kirche über. Dort fand sie ein Bollwerk gegen den Zeitgeist: »Wir brauchen Kir-che, die gegen den Ansturm der zerstörerischen Mächte ihr Heil durch Gottesliebe, Glaubenstreue und Gottesfurcht mit einem klaren Aufzeigen der Zusammenhänge ent-gegenstellt. Die katholische Kirchenleitung zeigt diesen Mut« (»Die Welt« vom 22.6.1987). Etwa um dieselbe Zeit wurde der evangelische Theologieprofessor Horst Bürkle römisch-katholisch. Damit wollte er sich »zur Kirche des Neuen Testaments und der Väter« bekennen, ohne das »ur-sprüngliche Anliegen der Reformation« aufzugeben. Er er-klärte, dass die Kirche »mit ihrem Lehramt die Gebote Got-tes als notwendige und unverrückbare Orientierung den Menschen unserer Gegenwart ins Gewissen rückt«. Er hob das Raum und Zeit übergreifende sakramentale Sein her-vor, sowie »die unsichtbare Vernetzung mit allen, die in diese Einheit des Leibes Christi« gehören. »Alles, was die Verbindung zum Haupt der Kirche stärkt, kommt den Or-ganen dieses Leibes zugute: das anhaltende Gebet, die im Symbol und in der rituellen Handlung sich vollziehende Feier seiner Gegenwart. Die Investition ins Geheimnis Christi ist der unmittelbarste Dienst an der Gemeinde« (»Frankfurter Allgemeine Zeitung« vom 24.9.1987).

Der in seiner Betonung von Wahrhaftigkeit und Freiheit eher den »evangelischen Akzent« vertretende Theologe Hans Küng erklärte, deshalb römisch-katholisch zu bleiben, weil er »die katholische Kirche als die weltumfassende erfahren und in ihr von ungezählten Menschen und Freunden in aller Welt unendlich viel empfangen« habe (Die Hoffnung bewahren, S. 24). »Katholisch« sei ein Theologe, »der sich in seiner Theologie der ›katholischen‹, und das heißt der ›ganzen‹, der ›allgemeinen, umfassenden, gesamten‹ Kirche verpflichtet« wisse (S. 25).

Auch die altkatholische Kirche, die ab 1871, nach dem Ende des Ersten Vatikanischen Konzils (1869-1870) vom Papst unabhängig wurde, betont die Bedeutung der weltweiten einen Kirche für den Glauben der Christen. In der grundlegenden Utrechter Erklärung von 1889 wird gleich zu Anfang das von Vinzenz von Lerinum (gestorben vor 450) formulierte katholische Prinzip bekräftigt: »Wir halten fest an dem altkirchlichen Grundsatz, welchen Vincentius von Lerinum in dem Satz ausgesprochen hat: ›Wir halten das fest, was überall, immer und von allen geglaubt worden ist; dies nämlich ist wahrhaft und eigentlich katholisch.‹ Wir halten darum fest an dem Glauben der alten Kirche, wie er in den ökumenischen Symbolen der ungeteilten Kirche des 1. Jahrtausends ausgesprochen ist.« Die internationale altkatholische Bischofskonferenz von 1969 bekennt in einem »Glaubensbrief« von der »Einen, Heiligen Kirche«, sie sei von Jesus Christus gestiftet worden und werde »bis zu seiner Wiederkunft als sichtbare Gemeinschaft des Glaubens, des apostolischen Amtes, der Sakramente und des Gottesdienstes, der Verkündigung des Evangeliums und der dienenden Liebe zu allen Menschen, besonders aber zu den Gefährten des Glaubens, durch den Heiligen Geist – trotz aller menschlichen Schwäche und Sünde – gnädig erhalten und zur Verherrlichung seines Namens geführt«.

Geborgenheit und Bindung sind Schwerpunkte katholischer Haltung. Geborgen fühlt man sich in einer weltweiten Gemeinschaft und in einer inzwischen zweitausendjährigen Überlieferung. Die eigene Individualität lässt sich in dem an Symbolen reichhaltigen Ritual der Messe unterbringen. Diese Liturgie bildet in allen möglichen Kulturen ein gottesdienstliches Grundgerüst, das mit jeweiligen kulturellen und nationalen Eigenheiten angereichert werden kann. Taufe und Abendmahl sind die Hauptsakramente aller katholischen Kirchen, und dazu kommen, je nachdem gleichrangig oder abgestuft, fünf weitere Sakramente, durch die Gottes Gnade vermittelt wird: Firmung, Buße, Ehe, Krankensalbung und Priesterweihe.

Der Erfahrungsschatz und die Weisheit einer langen Tradition ist ein Dach, unter dem auch die eigenen Erfahrungen und Probleme ihren Platz haben. Man fühlt sich nicht isoliert, weil man in ein größeres Ganzen hinein gehört. Die Einzelnen leben ihren Glauben nicht allein auf eigene Verantwortung, sondern sie glauben »mit der Kirche«.

Damit aber die Kirche nicht bloß eine Idee bleibt, die sich lediglich in der Ortsgemeinde verwirklicht, gibt es die weltweit einheitlichen Dogmen, Rituale und Symbole. Wo immer sich auf der Welt katholische Kirchen und Gemeinden finden, begegnet man dem von daheim Bekannten und braucht sich insofern nicht fremd zu fühlen.

Die Kirche muss aber auch institutionell zusammengehalten werden, um ihre Einheit zu bewahren. Das sind in erster Linie die Ämter von Bischof, Priester und Diakon. Das Amt des Bischofs steht nach katholischer Lehre in der »apostolischen Sukzession«, in einer lückenlosen Ämterfolge bis zurück zu den Aposteln. Das gilt für alle Kirchen katholischer Prägung, ob römisch-katholisch, orthodox, altorientalisch oder altkatholisch. Auch reformatorische Kirchen mit einer gewissen »katholischen« Färbung, nämlich die anglikanische Kirche und manche lutherischen Kirchen, beanspruchen für sich diese apostolische Sukzession.

Die Geborgenheit in der Kirche gibt ein Gefühl der Sicherheit angesichts des Zeitgeistes und der verschiedensten religiösen und weltanschaulichen Angebote. Hier hat man durch die Liturgie (vor allem ostkirchlich) und das Lehramt (vor allem römisch-katholisch) einen Halt, um nicht nach links oder rechts abzudriften. Man verlässt sich auf Autoritäten, auf eine Hierarchie, von der man gesagt bekommt, »wo es lang geht«.

Zum Nulltarif ist die Geborgenheit in der Kirche nicht zu haben. Man hat sich den Ordnungen und Weisungen der Kirche unterzuordnen. Der Betonung der Freiheit in der evangelischen Haltung entspricht auf katholischer Seite die Ermahnung zur Bindung. Es gibt klare Instanzen, von denen die Weisungen ausgehen, nämlich die Amtsträger, die Bischöfe (als einzelne Repräsentanten des kirchlichen Lehramtes und Leitungsamtes oder in der Gemeinschaft der nationalen Bischofskonferenz oder der weltweiten Bischofssynode).

Mag manchen diese Unterordnung nicht schmecken, weil ihr Freiheitsdrang stark entwickelt ist, so suchen andere gerade solche Vorgaben. Sie empfinden es als Entlastung, sich nicht selbst über Glaubensfragen den Kopf zerbrechen zu müssen, sondern das den »Profis«, den bevollmächtigten Amtsträgern, überlassen zu können. Dagegen halten sie eine evangelische Haltung, in der Mündigkeit und Eigenverantwortung zugemutet werden, für anstrengend und unbequem. Ebenfalls ist es für sie eine Entlastung, sich in schwierigen ethischen Fragen der Leitung der Kirche anzuvertrauen, statt sich selbst mit eigenen Entscheidungen herumzuquälen. Viele von denen, die sich hier gerne einordnen und unterordnen, behalten sich im Übrigen vor, gelegentlich gegen die kirchlichen Normen zu verstoßen. In diesem Fall gibt es drei Möglichkeiten: diese Normen nun eigenwillig so lange zu deuten, bis sie mit dem eigenen Wollen zusammenstimmen; oder sich gegen diese Normen auf den Vorbehalt des eigenen Gewissens zu berufen; oder schlicht gegen die Normen zu verstoßen und dann im Sakrament der Buße inneren Frieden zu suchen.

Auch in der katholischen Haltung liegen bestimmte Gefahren. So kann die Ausrichtung auf Geborgenheit und Bindung dazu führen, unmündig zu bleiben und auf das eigene Denken zu verzichten. Manchmal wird sogar das »Opfer der Vernunft« (*sacrificium intellectus*) gebracht, also »die Zurückstellung oder Verleugnung einer vernünftigen Überzeugung zugunsten des Gehorsams gegenüber einer Entscheidung der Kirche« (Kurt Nitzschke, in: Evangelisches Kirchenlexikon Band 3, 1. Auflage, Göttingen 1959, Sp. 742).

In den Konstitutionen des Jesuitenordens von 1558 wurde dessen Mitgliedern vorgeschrieben: »Jeder soll sich die Überzeugung beibringen, dass die, welche im heiligen Gehorsam leben, ihre Oberen als die Werkzeuge der göttlichen Vorsehung betrachten müssen, durch die sie sich lenken und leiten lassen, als wären sie ein Leichnam, der sich auf jede Seite wenden und auf jede Weise behandeln lässt.«

Die katholische Orientierung an der Kirche, die nicht nur als eine verborgene Gemeinschaft der wahrhaft Glaubenden verstanden wird, sondern auch als eine sichtbare Institution mit festen Ordnungen, Dogmen, Symbolen und Ritualen, kann zuweilen zu einer solchen Identifizierung mit der sichtbaren Kirche führen, dass man zur höheren Ehre dieser Kirche inneren oder äußeren Zwang auf andere ausübt, statt die Freiheit der jeweils eigenen Entscheidung zu respektieren.

Zusammenfassung

Welche Instanzen sind fähig, den Bestand und die wesentliche Aussage der christlichen Botschaft zu erfassen und den Wahrheitsgehalt der christlichen Botschaft, das Evangelium als »Wort Gottes«, zu garantieren?

Der Heilige Geist schenkt die Glaubensgewissheit (Johannes 16,13: »Der Geist der Wahrheit wird euch in alle Wahrheit leiten«). Das ist die Voraussetzung. Doch welcher Instrumente bedient sich dabei der Heilige Geist?

Bei der Antwort auf diese Frage ergibt sich eine katholisch-evangelische Weichenstellung: Vorrangiges Instrument ist die Kirche mit ihrem Lehramt und ihren Amtsträgern (so der katholische Akzent) oder das Gewissen, das Wahrheitsbewusstsein, die Einsicht, die Erfahrung der Einzelnen (so der evangelische Akzent).

Die katholische Haltung drückt sich schwerpunktartig in Bindung und Geborgenheit aus, in Glaubensgehorsam, Gemeinschaftssinn und Traditionsbewusstsein, im Gefühl für Ordnung und Autorität. Die Kirche wird als die »Mutter« verstanden, der man den eigenen Glauben verdankt. Persönlicher Glaube ist »Glauben mit der Kirche«. Christus und die Kirche (der Leib Christi) gelten als untrennbare Einheit.

Die evangelische Haltung drückt sich schwerpunktartig in Wahrhaftigkeit und Freiheit aus. Der Wahrheit des Wortes Gottes kann man sich nur in ernsthafter eigener Wahrheitssuche annähern. Dazu ist Freiheit zur eigenen Einsicht und Erfahrung nötig.

Evangelische und katholische Haltung, hier als »evangelisch« und »katholisch« im weiteren Sinn verstanden, sind keine Gegensätze, aber deutliche Akzentunterschiede.

6. Evangelisch und katholisch: getrennte Kirchen

– »Evangelisch« und »katholisch« im engeren Sinn –

Konfessionsfamilien und Denominationen

Die Konfessionen (Bekenntnisgemeinschaften), die weltweiten Konfessionsfamilien, samt ihrer organisatorischen Gestaltung in Denominationen (rechtlich selbstständigen Glaubensgemeinschaften), sind entweder »katholisch« oder »evangelisch«, aber nicht beides zugleich. »Evangelisch« und »katholisch« im engeren Sinn bedeutet alternative Kirchenzugehörigkeit. Man gehört entweder zu einer »katholischen« oder zu einer »evangelischen« (reformatorischen) Konfession und Denomination, und zwar auch dort, wo verschiedene Kirchen miteinander ausdrücklich »Kirchengemeinschaft« haben (etwa in Deutschland die evangelischen Landeskirchen und die altkatholische Kirche). Im Blick auf die Zugehörigkeit zu einer Kirche ist man also nicht sowohl katholisch als auch evangelisch und auch nicht eher katholisch als evangelisch oder umgekehrt eher evangelisch als katholisch.

Das schließt nicht aus, dass manche Menschen in ihrer Grundhaltung eher »evangelisch« sind, aber zur römisch-katholischen Kirche oder zu einer romfreien katholischen Kirche gehören, und andere eher »katholisch«, aber zu einer reformatorischen Kirche gehören.

Doppelmitgliedschaft, analog zu einer doppelten Staatsbürgerschaft, gibt es gelegentlich innerhalb der reformatorischen Konfessionsfamilien (etwa zugleich Anglikaner und Quäker oder zugleich Methodist und Mitglied der Heilsarmee oder zugleich Lutheraner und Mennonit oder zugleich reformiert und Mitglied einer Pfingstgemeinde), aber nicht zwischen reformatorischen Kirchen und römisch-katholischer oder orthodoxer Kirche. Da die römisch-katholische Kirche und die orthodoxe Kirche jeweils für sich beanspruchen, die Kirche im Vollsinn zu sein, wie sie von Christus gewollt sei, kann man nicht zugleich römisch-katholisch oder orthodox sein und auch noch einer anderen Kirche angehören.

Zu den »katholischen« Konfessionsfamilien und Denominationen zählen die römisch-katholische Kirche, die orthodoxen, die altorientalischen und die altkatholischen Kirchen. Die »evangelischen« Kirchen haben entweder auf die Reformation des 16. Jahrhunderts hingeführt (vor allem Waldenser und Hussiten) oder sind aus der Reformation des 16. Jahrhunderts hervorgegangen (insbesondere Lutheraner, Reformierte, Mennoniten, Anglikaner, christliche Unitarier) oder haben sich später aus diesen Reformationskirchen entwickelt (insbesondere Baptisten, Quäker, Brüderunität, Methodisten, Evangelisch-Unierte, Darbysten, Disciples of Christ, Freie evangelische Gemeinden, Siebenten-Tags-Adventisten, Heilsarmee, Pfingstbewegung, unabhängige afrikanische Kirchen).

Die verschiedenen Konfessionsfamilien haben sich aus einem gemeinsamen Stamm verzweigt oder sind auseinander hervorgegangen: Aus der Alten Kirche verselbständigten sich 431 und 451 die altorientalischen Kirchen. Die Großkirche des ersten Jahrtausends verzweigte sich 1054 in die abendländische katholische Kirche des Mittelalters und die orthodoxe Kirche. Ab etwa 1520 verselbständigten sich aus der abendländischen katholischen Kirche des Mittelalters die ersten reformatorischen Kirchen und aus diesen dann weitere Kirchen. Der Zweig der abendländischen katholischen Kirche des Mittelalters, der dem Papst unterstellt blieb, wurde zur neuzeitlichen rö-

misch-katholischen Kirche. Aus dieser verselbstständig-
ten sich ab 1871 die Altkatholiken.

Diese Abtrennungen sind nicht »häretischer« oder
ketzerischer, sondern »schismatischer«, also organisatori-
scher Art: Eine Glaubensgemeinschaft geht in verschiedene selbstständige Glaubensgemeinschaften (Denominationen) auseinander. Solche Schismen können sich,
meistens in kleinem Format, immer weiter fortsetzen. So
haben sich aus den Lutheranern konfessionell sehr bewusste »Altlutheraner«, aus den Reformierten entspre-
chend konfessionsbewusste »Altreformierte« abgespalten,
oder aus den Orthodoxen die ultrakonservativen »Alt-
gläubigen« (die Raskolniki), und aus der römisch-katholischen Kirche kleine traditionalistische Gemeinschaften,
etwa die Priesterbruderschaft St. Pius X., die auf Erzbischof Marcel Lefebvre zurückgeht.

Inhaltlich gesehen gehört eine »Denomination« zu
einer »Konfession«, denn jede Kirche braucht inhaltliche
Richtlinien, Positionsbestimmungen oder Glaubenserklä-
rungen, mit deren Hilfe sie die Botschaft der Bibel, der
ökumenisch unbestrittenen und maßgebenden Glaubensquelle, zusammenzufassen sucht. Die Denominationen
derselben »Konfession« bilden eine weltweite »Konfessionsfamilie«. Inhaltlich besonders eng verbundene Konfessionsfamilien (insbesondere die reformatorischen) sind
»Konfessionsverwandte«. Die meisten Denominationen
einer Konfessionsfamilie sind in deren weltweitem Netz-
werk miteinander verbunden. So sind die romfreien katholischen und die reformatorischen Konfessionsfamilien
in mehr oder weniger lockeren Weltbünden (»Weltweiten
christlichen Gemeinschaften«) zusammengeschlossen (etwa Panorthodoxe Konferenz, Utrecher Union der Altkatholiken, Anglikanische Gemeinschaft, Lutherischer
Weltbund, Reformierter Weltbund), ohne dass jeweils alle
Denominationen mitmachen. Die Altlutheraner beispiels-

weise gehören nicht zum »Lutherischen Weltbund«, sondern zu einer »Internationalen Lutherischen Konferenz«.

Formal gesehen sind die Kirchen als »Denominationen« organisiert, als rechtlich selbstständige Glaubensgemeinschaften. Sie bestehen meistens auf regionaler oder nationaler Ebene. Manche sind nur teilweise autonom, weil sie einige Befugnisse an die umfassendere Einheit abgegeben haben, etwa die deutschen evangelischen Landeskirchen an die »Evangelische Kirche in Deutschland«. Die römisch-katholische Kirche ist weltweit eine einzige Denomination; andererseits können auch ihre nationalen Bischofskonferenzen, die dem Vatikan gegenüber nur einen begrenzten Spielraum an rechtlicher Selbstständigkeit haben, als Denominationen angesehen werden.

Im Allgemeinen ist durch die Konfessionsfamilie für deren einzelne Denominationen die Liturgie vorgegeben. So ist für die katholischen Kirchen die Messe oder Eucharistiefeier (Gottesdienst mit Verkündigung und Abendmahl) die normale Form des Gottesdienstes an Sonntagen und Festtagen. Für die reformatorischen Kirchen kann ebenfalls die Eucharistiefeier der gottesdienstliche Normaltypus sein (anglikanische und manche lutherische Kirchen). Häufiger werden aber die Hauptgottesdienste überwiegend als Wortgottesdienste gefeiert und der Gottesdienst mit Predigt und Abendmahl etwa einmal im Monat oder auch nur einmal im Vierteljahr. Für die reformatorischen Kirchen ist die Gestalt des Gottesdienstes als solche nicht so wichtig wie für die katholischen Kirchen. Entscheidend ist nach Martin Luther, »dass nichts anderes darin (im Gottesdienst) geschehe, als dass unser lieber Herr selbst mit uns rede durch sein heiliges Wort und wir wiederum mit ihm reden durch unser Gebet und Lobgesang« (Predigt bei der Einweihung der Schlosskirche zu Torgau am 5. Oktober 1544).

Eine weitere Säule neben Bekenntnis (Konfession) und Liturgie ist für die Konfessionsfamilien und ihre Denominationen auch die Kirchenordnung oder Kirchenverfassung und damit die Gestalt der kirchlichen Ämter.

Für die katholischen Kirchen ist das Bischofsamt unverzichtbar. Der Bischof steht nach katholischem Selbstverständnis in lückenloser apostolischer Sukzession (Ämterfolge). Nur der Bischof kann jemanden zum Priester weihen. Dem Bischof steht in seiner Diözese (Regionalkirche; Bistum) die Leitung zu, und darin ist auch das Lehramt inbegriffen. Diese »episkopale« Kirchenverfassung ist in der römisch-katholischen Kirche straff »hierarchisch« (von oben nach unten) durchorganisiert.

Die orthodoxen, altorientalischen, altkatholischen und anglikanischen Kirchen sind eher »episkopal-synodal« verfasst, und das gilt auch für manche lutherische und methodistische Kirchen: Der Bischof übt die Kirchenleitung gemeinsam mit der Synode aus, zu der außer Geistlichen auch Laien gehören.

Andere reformatorische Kirchen sind »presbyterial-synodal« verfasst: Die Denomination wird auf lokaler, regionaler und nationaler Ebene von Synoden geleitet, in denen Geistliche und Laien zusammenwirken. Wieder andere reformatorische Kirchen haben eine »kongregationalistische« Verfassung: Die Einzelgemeinde ist rechtlich weitgehend selbstständig, doch sind die Einzelgemeinden innerhalb der Denomination zu einem Dachverband zusammengeschlossen.

Ein spezifischer Unterschied zwischen reformatorischen und katholischen Kirchen liegt darin, dass für die reformatorischen Konfessionsfamilien keine bestimmte Kirchenverfassung, auch nicht die bischöfliche (episkopale), notwendig zur Gestalt der Kirche gehört (für die anglikanische Gemeinschaft allerdings ist die bischöfliche Kirchenverfassung die bestmögliche Ordnung der Kirche).

So gibt es lutherische Denominationen mit einem Kirchenpräsidenten an der Spitze, und es gibt (im ungarischsprachigen Raum) reformierte und unitarische Denominationen, die von Bischöfen geleitet werden.

Bei allen reformatorischen Konfessionsfamilien ist das »allgemeine Priestertum« aller Glaubenden oder Getauften grundlegend, nicht aber eine Differenz zwischen Priestern (Klerus) und Laien. So können im Notfall fast in allen reformatorischen Denominationen auch Laien die Dienste ausüben, die normalerweise um der Ordnung willen allein den Geistlichen zustehen, etwa die Leitung des Gottesdienstes und speziell des Abendmahls.

An einem Punkt unterscheidet sich die römisch-katholische Kirche von allen anderen Kirchen und hier ist sie in der Religionsgeschichte einzigartig: Sie bildet weltweit eine organisatorische Einheit. In allen anderen Konfessionsfamilien gibt es hier und dort Abspaltungen. Das kann in der römisch-katholischen Kirche nicht der Fall sein, denn nur wo der Papst in seiner Rechtsgewalt und seiner Unfehlbarkeit anerkannt wird, handelt es sich um die römisch-katholische Kirche.

Die organisatorische Einheit der römisch-katholischen Kirche ist aus der Sicht der anderen Konfessionsfamilien mit Einschränkungen der persönlichen Glaubensfreiheit erkauft. Die Stärke der römisch-katholischen Kirche mit ihrer straffen Hierarchie und ihrer weltweiten Einheit liegt aber darin, dass sie der Gesamtchristenheit den Dienst tun kann, das Erbe von zweitausend Jahren Christentum beharrlich zu bewahren.

Die reformatorischen Konfessionsfamilien haben dagegen mit organisatorischen Zersplitterungen zu kämpfen. Das führt leicht zu einer Schwächung der Kräfte und lässt die reformatorische Stimme in der Öffentlichkeit undeutlich werden.

Konfessionelles Sondergut

Die römisch-katholische Kirche, die Ostkirchen (orthodoxe und altorientalische Kirchen), die altkatholische Kirche und die reformatorischen Konfessionsfamilien heben sich in ihrem »Sondergut«, sprich: ihren Sonderlehren oder »Unterscheidungslehren, klar voneinander ab. Derartiges konfessionelles »Sondergut« ist das unverwechselbar Eigene einer Konfession oder auch einer Reihe besonders nahe verwandter Konfessionsfamilien. Dabei bemühen sich alle christlichen Konfessionen, ihr jeweiliges Sondergut biblisch zu begründen.

Alle Kirchen sind dem neutestamentlichen Gebot der »Einigkeit im Geist« (Epheser 4,3) verpflichtet. Deshalb kann allenfalls konfessionelles Sondergut, sofern es für eine ungetrübte Wahrheitserkenntnis von Bedeutung ist, wirklich »kirchentrennend« zwischen den Konfessionen stehen, das heißt eine Kirchengemeinschaft im Sinn einer gottesdienstlichen Gemeinschaft (Kanzel- und Abendmahlsgemeinschaft) weiterhin blockieren.

Allerdings ist manches, womit sich eine Konfession von anderen abhebt, lediglich nebensächlicher Art. So sind die einzelnen reformatorischen Konfessionsfamilien (etwa Lutheraner, Reformierte, Anglikaner, Methodisten, Baptisten, Pfingstler) durch manches Sondergut voneinander getrennt. Aber dabei finden sich kaum irgendwelche »Unterscheidungslehren«, die eine unbegrenzte gottesdienstliche (auch sakramentale) Gemeinschaft, eine katechetische Gastfreundschaft (gastweise religiöse Unterweisung der Kinder und Jugendlichen) oder den Austausch von Pfarrern verbieten würde.

Die Methodisten etwa kennen eine gestufte Kirchenmitgliedschaft: Getaufte sind zuerst »Kirchenangehörige«; erst durch eine »Gliederaufnahme« werden sie Vollmitglieder. Eine solche Eigenheit hindert in keiner Weise eine volle Kirchengemeinschaft etwa zwischen Methodisten einerseits und Lutheranern, Reformierten oder Anglikanern andererseits.

Unter den reformatorischen Konfessionsfamilien gibt es auch beim jeweiligen konfessionellen Sondergut manche »gemeinsame Schnittmengen«. So haben die Mennoniten, die Baptisten und die Siebenten-Tags-Adventisten als gemeinsames Sondergut, dass sie keine Kinder, sondern nur Erwachsene taufen. Manche evangelisch-reformierten (presbyterianischen) Denominationen, die Mennoniten, die Baptisten, die Disciples of Christ, die Darbysten, die Freien evangelischen Gemeinden und die Pfingstkirchen haben als gemeinsames Sondergut eine »kongregationalistische« Kirchenverfassung. Das heißt: Die einzelnen Kirchengemeinden (Kongregationen) sind weitgehend selbstständig, auch wenn sie einige ihrer Zuständigkeiten an ihren jeweiligen Dachverband abgegeben haben.

Ob das Sondergut, mit dem sich die eine von anderen Konfessionen unterscheidet, geringfügig oder schwerwiegend ist, ist eine Frage der theologischen Einschätzung. Die anglikanische Kirche hebt sich von den anderen reformatorischen Konfessionsfamilien durch das Beharren auf der »apostolischen Sukzession« ab, der Behauptung einer lückenlosen Ämterfolge der Bischöfe von den Aposteln bis heute. Die übrigen reformatorischen Konfessionsfamilien beanspruchen nur, in der verbindlichen »apostolischen Überlieferung« (Tradition) zu stehen, das heißt sich mit ihrer Lehre und Verkündigung und ihren geistlichen Amtsträgern im Rahmen der gemeinsamen christlichen Substanz zu befinden, die von den Aposteln bis heute reicht, und damit im Rahmen von »Bibel und Bekenntnis«. Ist durch diesen Unterschied im konfessionellen »Sondergut« eine volle Kirchengemeinschaft unmöglich? Die nicht-anglikanischen reformatorischen Konfessionsfamilien halten die apostolische Sukzession für eine zweitrangige Sache, die eine Kirchengemeinschaft nicht blockieren muss. Die Anglikaner selbst haben sich praktisch in der gleichen Richtung entschieden, indem sie, teils auf regionaler oder nationaler Ebene, Vereinbarungen über weitgehende Kirchengemeinschaft mit Lutheranern und Methodisten getroffen haben. In einigen Ländern, wie in Südindien, Nordindien, Pakistan und anderswo, haben sich die Anglikaner in »Unionskirchen« sogar mit Reformierten und Methodisten organisatorisch voll vereinigt, allerdings mit bischöflicher Struktur und mit der Übernahme der apostolischen Sukzession durch die anderen an der Union beteiligten Kirchen.

Den Unterschied von geringfügigem und schwerwiegendem Sondergut kann man sich an der Erwachsenentaufe deutlich machen. Geringfügiges Sondergut liegt vor, wo eine Kirche sagt: »Wir machen es so, aber ihr könnt es auch anders machen.« So praktizieren die Mennoniten nur die Erwachsenentaufe, erkennen aber die in den meisten Kirchen übliche Kindertaufe an. Die Baptisten dagegen praktizieren nicht nur die Erwachsenentaufe oder »Gläubigentaufe«, sondern sind überwiegend der Meinung, die Kindertaufe sei gar keine gültige Taufe. Wer von einer anderen Kirche zu den Baptisten übertritt, muss sich deshalb nochmals taufen lassen. Das ist zunächst auch innerprotestantisch kirchentrennend. Doch feiern die Baptisten ein offenes Abendmahl, das heißt, Mitglieder anderer Kirchen dürfen daran teilnehmen. So wird deren legitimes Christsein nicht in Frage gestellt.

Zu einer bestimmten Zeit entwickelte eine Gruppe von Christen eine Überzeugung, mit der sie sich in der angestammten Glaubensgemeinschaft schwer tat. So bildete sich eine eigene Konfession, die sich mit ihren Unterscheidungslehren von den anderen Konfessionen abhob.

Zum Beispiel zweigten sich von den Baptisten die Adventisten ab, bei denen es zu zwei Besonderheiten kam: Die Wiederkunft Jesu Christi wurde in Bälde erwartet, und statt des Sonntags wurde der Samstag als der »Sabbat« gefeiert (im Anschluss an die biblische Schöpfungsgeschichte, wonach Gott am siebten Tag von seinem Schöpfungswerk ausruhte). Bald nach 1900 entstand auf dem Boden verschiedener reformatorischer Konfessionsfamilien die Pfingstbewegung mit ihrer Neuentdeckung oder Neubelebung der im Neuen Testament beschriebenen »Geistesgaben« (Charismen), darunter der Zungenrede.

Umgekehrt kann sich in einer bereits bestehenden Konfessionsfamilie zu einer bestimmten Zeit neues Sondergut herausbilden, ohne dass das zur Bildung eigener Konfessionen führen muss. Die Marienverehrung mit der Anrufung (nicht Anbetung!) der Mutter Jesu ist seit etwa 300 Sondergut der morgenländischen (östlichen) wie der abendländischen Kirche. Von »Sondergut« ist hier insofern zu sprechen, als später die reformatorischen Konfessionsfamilien auf die altkirchliche Überlieferung der ersten Jahrhunderte zurückgriffen, in denen Maria noch nicht um Hilfe oder um Vermittlung bei Christus angerufen wurde.

Weitere Beispiele für das Anwachsen von Sondergut gibt die abendländisch-katholische Kirche im Mittelalter. Die Einrichtung des Ablasses, also des Erlasses zeitlicher Strafen für Sünden, deren Schuld bereits getilgt ist, gibt es seit dem 11. Jahrhundert in Frankreich und dann 1095, zuerst im Zusammenhang der Kreuzzüge, für die ganze Kirche. Erst 1074 wurde der Zölibat, die Ehelosigkeit der Priester, zur Pflicht gemacht. Die Lehrmeinung von der Transsubstantiation, der Wandlung von Brot und Wein in Leib und Blut Christi beim Rezitieren der Einsetzungsworte des Abendmahls durch den Priester, wurde 1215 zum Dogma erhoben.

Alle diese Sonderlehren wurden in den reformatorischen Kirchen rückgängig gemacht, weil sie unbiblisch seien und der Botschaft von der Rechtfertigung allein aus Gnade widersprechen würden. Daran zeigt sich, dass reformerische und reformatorische Bewegungen kirchliche Lehren und Vorschriften danach sichten, ob sie den Ursprüngen und damit dem Wesentlichen des Christentums entsprechen oder nicht. Als unangemessen befundenes Sondergut wird ausgeschieden.

Die neuzeitliche römisch-katholische Kirche erhob 1854 die Lehrmeinung von der »unbefleckten Empfängnis« Mariens, welche besagt, Maria, die Mutter Jesu, sei vom Anfang ihres Gezeugtseins an von der Erbsünde frei gewesen, zum Dogma (zur unbedingt verbindlichen Glaubenslehre), und 1950 die Lehrmeinung von der Aufnahme Mariens mit Leib und Seele in den Himmel. Am 18. Juli 1870 wurden auf dem Ersten Vatikanischen Konzil zwei Lehren, die bis dahin ebenfalls nur den Charakter von Lehrmeinungen hatten, als Dogmen verbindlich zu glauben vorgeschrieben: dass dem Papst die höchste Rechtsgewalt über die gesamte Kirche zustehe (Jurisdiktionsprimat: Der Papst ist zugleich oberster Richter, Gesetzgeber und ausführende Gewalt in der Gesamtkirche und allen einzelnen Diözesen) und dass er unfehlbar sei, wenn er »ex cathedra«, von seinem »Lehrstuhl« aus, ein Dogma, also eine unbedingt verbindliche Glaubenslehre, verkündige.

Alle vier Dogmen stießen in der gesamten übrigen Christenheit auf Ablehnung, besonders weil eine einleuchtende biblisch-neutestamentliche Begründung fehle. Die altkatholische Kirche bildete sich im Anschluss an das Erste Vatikanische Konzil, weil sie eben dieses neue Sondergut ablehnte. Zugleich schied sie das im Mittelalter dazugekommene Sondergut von Zölibat, Transubstantiationsdogma und Ablass aus.

In der zweiten Hälfte des 20. Jahrhunderts führten die meisten reformatorischen Kirchen die Frauenordination ein: Frauen können wie Männer als Geistliche amtieren. Dafür werden biblische Gründe genannt, etwa die Gleichheit von Mann und Frau vor Gott oder die Verkündigung des Wortes Gottes durch Prophetinnen, Gemeindeleiterinnen und »Apostelinnen« in der frühchristlichen Zeit. Die römisch-katholische Kirche und die Ostkirchen lehnen die Frauenordination ab, unter anderem mit der Begründung, Jesus habe nur Männer zu Aposteln eingesetzt, und mit dem Prinzip der Tradition, wonach man nicht eine fast zweitausend Jahre lang in der gesamten Christenheit geltende Regelung auf einmal umstoßen dürfe. Mit der Frauenordination haben somit die reformatorischen Kirchen ein Sondergut. Ab 1996 haben schrittweise aber auch altkatholische Kirchen die Frauenordination eingeführt. So besteht hier zwischen reformatorischen und altkatholischen Kirchen eine gemeinsame Schnittmenge an konfessionellem Sondergut.

Unterscheidungslehren können auch so aussehen, dass vom bis dahin gesamtchristlich Üblichen etwas weggelassen wird. Dazu gehört etwa der Wegfall der »apostolischen Sukzession« (der bischöflichen Amtsnachfolge) bei den meisten reformatorischen Kirchen. Das war zunächst keine Absicht, sondern hat sich aus der Not heraus ergeben, da sich die Bischöfe im Allgemeinen nicht der Reformation anschlossen.

»Sondergut durch Reduktion« zeigt sich bei den Quäkern, der Heilsarmee und der (den christlichen Unitariern verwandten) Tempelgesellschaft im Fehlen der Sakramente Taufe und Abendmahl. Bei den Quäkern hatte das Gründe, die mit ihrer spiritualistischen Glaubensauffassung zusammenhängen: Das ganze Leben der Christen soll ein einziges »Sakrament« sein, das heißt ein lebendiger Hinweis auf Gott.

Bei einigen christlichen Glaubensgemeinschaften nehmen bestimmte Sonderlehren einen solchen Rang ein, dass die biblische Grundlage und die christlichen Fundamentalartikel verdunkelt werden. Diese Glaubensgemeinschaften gelten daher, vom ökumenischen Grundkonsens aus geurteilt, als »Sekten« oder, freundlicher und sachlicher formuliert, als »Sondergemeinschaften«, und ihre Sonderlehren als ketzerisches Sondergut. So tritt bei den Mormonen das Buch Mormon mit seiner Sonderoffenbarung an Joseph Smith (1805-1844) gleichgewichtig neben die Bibel. Die Zeugen Jehovas sind auf einen baldigen Endkampf zwischen Christus und Satan in der »Schlacht bei Harmagedon« fixiert, samt Anbruch des »Tausendjährigen Reiches« und danach endgültiger Vernichtung aller, die nicht zu den Zeugen Jehovas gehört haben. Die Neuapostolische Kirche greift auf eine (angebliche) apostolische Kirchenverfassung der Urgemeinde zurück und spricht ihrem »Stammapostel« absolute Lehrautorität zu. Neuapostolische wie Zeugen Jehovas und manche andere Sondergemeinschaften halten ihre Lehre und ihre Organisation für allein wahr und für heilsnotwendig.

So gesehen kann es aber auch in den Konfessionsfamilien, die sich in den ökumenischen Grundkonsens einfügen, sektiererische Tendenzen geben. Traditionalistische und fundamentalistische Gruppen erheben für manches Sondergut einen Absolutheitsanspruch, statt es eben für sich als verpflichtend anzusehen und zuzugestehen, dass andere es ablehnen. Die Lehrmeinung von Maria, der Mutter Jesu, als der »Miterlöserin« (corredemptrix) ist ein Sondergut, das von der römisch-katholischen Kirche bislang nicht zum Dogma erhoben wurde, das aber von traditionalistischen Kreisen energisch vertreten wird. Da diese mariologische Lehrmeinung überhaupt nicht zum biblischen Fundament passt, wonach Jesus Christus und niemand sonst die Liebe und Gnade Gottes endgültig und verlässlich vermittelt, dürfte es sich hier doch eher um eine häretische Sonderlehre handeln.

Ist etwas als konfessionelles Sondergut festgestellt, so ist damit noch nicht über den Wahrheitsgehalt entschieden. Aus der Sicht der gesamtchristlichen Grundübereinstimmung ist das biblische Fundament der Maßstab dafür, ob konfessionelles Sondergut die biblische Botschaft verdeutlicht oder aber verdunkelt. Die meisten katholischen Kirchen und manche betont ökumenisch ausgerichtete evangelische Theologen wie Georg Calixt (1586-1656) finden dieses biblische Fundament in einem Grundkonsens der ersten fünf Jahrhunderte der Kirchengeschichte (*consensus quinquesaecularis*) bestätigt.

Nicht alles Sondergut verdankt sich dem Ringen um die Wahrheit, das heißt einer Situation, in der eine Gruppe von Christen oder eine ganze Konfessionsfamilie nicht anders konnte, als sich zu einer bestimmten Lehre, Kirchenordnung oder Lebenspraxis zu bekennen, ohne Rücksicht auf mögliche Folgen. Manchmal handelt es sich um geschichtlich bedingte Entwicklungen, die wieder rückgängig gemacht werden könnten. So ist der Zölibat, das Gebot der Ehelosigkeit der Priester, in der römisch-katholischen Kirche kein Dogma, sondern eine Vorschrift, die geändert werden könnte. Die Priester der mit Rom unierten Ostkirchen beispielsweise, die ebenfalls unter dem Papst stehen und auf alle römisch-katholischen Dogmen verpflichtet sind, müssen nicht im Zölibat leben.

Die entscheidende römisch-katholische Unterscheidungslehre: Rechtsprimat und Unfehlbarkeit des Papstes

Der Jurisdiktionsprimat des Papstes, seine unbeschränkte richterliche, gesetzgebende und ausführende Vollmacht über die Gesamtkirche und alle einzelnen Diözesen, und seine Unfehlbarkeit bei der Erklärung eines Dogmas als unbedingt verpflichtende Glaubenslehre, ist die hauptsächliche Unterscheidungslehre der römisch-katholischen Kirche gegenüber allen anderen Kirchen. Papst Paul VI. selbst sagte 1967 vor den Mitgliedern des vatikanischen Einheitssekretariats, das Papstamt sei das größte Hindernis bei der Einheit der Christen.

In den Schmalkaldischen Artikeln von 1537, zu einer Zeit also, da Jurisdiktionsprimat und Unfehlbarkeit des Papstes noch nicht Dogma, sondern lediglich Lehrmeinungen waren, nannte Martin Luther die päpstliche Autorität eine Angelegenheit »menschlichen Rechts« (*ius humanum*) und nicht »göttlichen Rechts« (*ius divinum*). Einen Bischof von Rom, der die Christenheit organisatorisch zusammenhält und nach außen repräsentiert, könne man sich schon denken. Aber das sei nur eine menschliche Ordnung, die aus Gründen der Zweckmäßigkeit auch wieder geändert werden könnte. Doch eben dem kann nach Luther der Papst nicht zustimmen, denn hier gehe es an die Substanz des römischen Systems:

»Ich setze den Fall, dass der Papst sich dazu verstehen könnte, dass er nicht *iure divino* (aus göttlichem Recht) oder auf Grund von Gottes Gebot der Oberste wäre, sondern damit die Einigkeit der Christenheit gegen Abspaltung und Ketzerei umso besser erhalten würde; dann müsste man ein Haupt haben, an das sich die anderen alle hielten. Ein solches Haupt würde dann von Menschen erwählt, und es stünde in menschlicher Wahl und Gewalt, dieses Haupt zu ändern und abzusetzen, etwa so, wie das Konzil zu Konstanz (1414-1418) mit den Päpsten verfuhr, wo sie drei absetzten und den vierten wählten. Ich setze also, sage ich, den Fall, der Papst und der römische Stuhl wollte sich darauf verstehen und dies annehmen; aber das ist unmöglich; denn er müsste sein ganzes Regiment und seine ganze Stellung samt all seinen Rechten und Büchern umkehren und zerstören lassen; kurz, er kann das nicht tun« (Schmalkaldische Artikel, Teil 2, Artikel 4).

Bei allen ökumenischen Überlegungen, dem Bischof von Rom (dem Papst) einen »Ehrenprimat« (Ehrenvorrang) zuzugestehen und damit eine Art Koordinierungsaufgabe für die Gesamtchristenheit, sind immer Jurisdiktionsprimat und Unfehlbarkeit die Grenzen. So schrieb der von der römisch-katholischen zur evangelisch-lutherischen Kirche übergetretene Theologe Friedrich Heiler am 5. Februar 1928 für die evangelische Franziskanertertiaren-Bruderschaft: »Wohl erkennen wir einen Primat des Papstes an und glauben, dass in einer wiedervereinigten Kirche ein solcher Primat das Einheitszentrum bilden wird. Aber wir können nicht ein nachträgliches Diktat an die Geschichte vornehmen und behaupten, dass die Kirchenväter einen Rechtsprimat und eine Unfehlbarkeit des Papstes im heutigen Sinne gelehrt hätten. Auch können wir nicht die Umformung des altchristlichen Primats zu dem heutigen System der juridischen Autokratie Roms als eine gottgewollte Entwicklung anerkennen. Die Uniformierung der ökumenischen Christenheit nach römischem (besser gesagt italienischem) Muster ist mit wahrer Katholizität unvereinbar. Eine Einigung mit der heutigen römischen Hierarchie ist für uns ausgeschlossen und alle diesbezüglichen Hoffnungen sind Illusionen.«

Auch durch das Zweite Vatikanische Konzil (1962-1965) hat sich diese Situation nicht geändert, da hier die Papstdogmen des Ersten Vatikanischen Konzils (1869-

1870) bestätigt wurden – und bestätigt werden mussten, da Dogmen nach dem römisch-katholischen Ansatz gar nicht rückgängig gemacht werden können.

In den beiden Papstdogmen geht es um die Wahrheitsfrage. Die römisch-katholische Kirche hält die anderen Konfessionsfamilien, die dieses Sondergut nicht teilen, für defizitär (mit Mängeln behaftet). Auch wenn sich die römisch-katholische Glaubenslehre zur Begründung der beiden Papstdogmen auf drei Bibelstellen beruft (Matthäus 16,16-19: Primat des Petrus und Amtsnachfolge im »Petrusamt«; Lukas 22,32: Lehrautorität des Petrus; Johannes 21,15-17: Leitungsamt und Rechtsprimat des Petrus), halten die anderen Konfessionsfamilien diese beiden Papstdogmen historisch für unbegründet und theologisch für unbiblisch.

Kann es von daher zwischen der römisch-katholischen Kirche und den anderen Kirchen keine (wie auch immer geartete) »Kirchengemeinschaft« geben? »Kirchengemeinschaft« bedeutet auf alle Fälle einen Grundkonsens im Glauben, eine gegenseitige Anerkennung der Kirchen als Teilkirchen der einen Kirche Jesu Christi und eine gottesdienstliche Gemeinschaft mindestens im Sinn der gegenseitigen eucharistischen Gastfreundschaft.

Die beiden Papstdogmen sind und bleiben »kirchentrennend«. Aber bis zu welchem Grad? Es gibt Sondergut, das in der »Hierarchie der Wahrheiten«, im Prioritätenkatalog christlicher Glaubensaussagen, weit unten rangiert. Es gibt andererseits Sondergut, das sozusagen das Vorzeichen ist, unter dem alle einzelnen Glaubensaussagen zu verstehen sind. Das Zweite Vatikanische Konzil lehrt: »Beim Vergleich der Lehren miteinander soll man nicht vergessen, dass es eine Rangordnung oder ›Hierarchie‹ der Wahrheiten innerhalb der katholischen Lehre gibt, je nach der verschiedenen Art ihres Zusammenhangs mit dem Fundament des christlichen Glaubens« (Ökumenis-

114

musdekret Nr. 11). Leider wird dabei nicht gesagt, wo innerhalb dieser Rangfolge die beiden Papstdogmen ihren Platz haben. Sind sie eher oben oder eher unten angesiedelt? Oder sind sie gar ein Vorzeichen vor allen einzelnen Lehren?

Eine »Kirchengemeinschaft« der romfreien katholischen und der reformatorischen Konfessionsfamilien mit der römisch-katholischen Kirche – im Klartext: als »Gemeinschaft mit, nicht unter dem Papst« (Reinhard Frieling, Katholisch und Evangelisch, S. 127-128) – ist nur möglich, wenn die römisch-katholische Kirche selbst ihre Papstdogmen nicht ganz hoch hängt. Dies scheint auch tatsächlich der Fall zu sein, denn sie erkennt die romfreien katholischen Kirchen, die den Jurisdiktionsprimat und die Unfehlbarkeit des Papstes ablehnen, als »Teilkirchen« und »Schwesterkirchen« an, weil sie die »apostolische Sukzession« festgehalten hätten.

Konfessionelles Sondergut, das die römisch-katholische Kirche von allen (auch den romfreien katholischen) Kirchen unterscheidet, sind neben den beiden Papstdogmen des Jurisdiktionsprimats und der Unfehlbarkeit des Papstes die beiden Dogmen der »Unbefleckten Empfängnis Mariens« (1854) und der »leiblichen Aufnahme Mariens in den Himmel« (1950), ferner der Zölibat (Ehelosigkeit) der Priester, die Transsubstantiationslehre und der Ablass. All dieses Sondergut hat mit der Kirche zu tun und mit dem Verständnis der Kirche als der Instanz, welche die christliche Botschaft erfasst und ihre Wahrheit verbürgt.

In der Unfehlbarkeit des Papstes drückt sich die Unfehlbarkeit der römisch-katholischen Kirche aus, wonach sich die römisch-katholische Kirche in ihrer Gesamtheit nicht irren könne. Der Papst ist hier also einfach der Repräsentant der Kirche. Maria, die Mutter Jesu, ist römisch-katholisch als Mutter und Urbild der Kirche verstanden, in der sich die Kirche wiederfindet und widerspiegelt. In der Transsubstantiation, der Verwandlung von Brot und Wein in Leib und Blut Christi, spiegelt sich die Kirche wider, die als Gemeinschaft von Glaubenden mit hierarchischer Organisation zugleich den »Leib Christi« und den in der Geschichte »fortwirkenden Christus« bildet. Mit dem kirchlich festgesetzten und verwalteten »Ablass« kann die Kirche Strafen, die wegen begangener Sünden auferlegt sind, auch dann abmildern oder ganz erlassen, wenn sie nicht schon zu Lebzeiten, sondern erst nach dem Tod abgebüßt werden können. Der Zölibat schließlich markiert einen Rangunterschied zwischen den kirchlichen Amtsträgern, den Geistlichen (dem »Klerus«) und den »Laien«.

Umgekehrt hängt die reformatorische Sonderlehre von der Zurücknahme der »apostolischen Sukzession« zugunsten der »apostolischen Tradition«, der verlässlichen Weitergabe der biblischen, apostolischen Botschaft, mit der evangelischen Grundhaltung zusammen, wonach allen Christen ein direkter Zugang zur christlichen Botschaft und zum dreieinigen Gott offen ist. Dies ist auch der Grund für die reformatorische Sonderlehre der Frauenordination: Alle Menschen haben vor Gott die gleiche Würde, und so kann auch keine Menschengruppe, in diesem Fall die Frauen, von vorneherein vom geistlichen Amt ausgeschlossen sein.

Zusammenfassung

»Evangelisch« und »katholisch« im engeren Sinn bedeutet nicht mehr verschiedene Aspekte oder Akzente, sondern eine Alternative: Man gehört entweder zur einen oder zu einer anderen Konfessionsfamilie und Denomination.

Die Konfessionen heben sich in ihrem »Sondergut«, sprich: in ihren konfessionellen Unterscheidungslehren und Gebräuchen, voneinander ab. Soweit das Sondergut einer Konfession schwerwiegend von der Lehre anderer Konfessionen abweicht, stellt sich verschärft die Wahrheitsfrage: Inwieweit ist es dem Evangelium von Jesus Christus gemäß oder führt davon ab?

Beim Vergleich des römisch-katholischen und des reformatorischen Sonderguts spitzen sich »evangelische« sowie »katholische« Aspekte (unverzichtbare Merkmale jeglichen Christseins) und Akzente (Grundhaltungen) zu Alternativen zu. Immer sind dabei die Fragen nach Verständnis und Weitergabe des Evangeliums (des Wortes der Wahrheit) und nach dem Verständnis der Kirche im Spiel.

7. Strittiges zwischen römisch-katholischer und evangelischen Kirchen

Hauptdifferenzpunkt Kirche

Alle einzelnen Differenzen zwischen der römisch-katholischen Kirche und den reformatorischen Konfessionsfamilien sind im unterschiedlichen Verständnis der Kirche gebündelt. »Stimmen Christen beider Konfessionen heute in wichtigen Grundaussagen überein, so bestehen in der Auffassung vom Amt in der Kirche, vom Papst und seiner Unfehlbarkeit nach wie vor große Differenzen« (Erich Feifel, in: Eugen Biser u. a. (Hg.), Der Glaube der Christen 1, S. 730). Unter das Thema Kirche fallen Fragen wie Christus und die Kirche, die eine Kirche und die vielen Kirchen, sichtbare und unsichtbare (verborgene) Kirche, Autorität in der Kirche, kirchliches Lehramt, geistliche Ämter, apostolische Sukzession, Kirchenverfassung, Liturgie (Gottesdienst) sowie Sakramente.

Jahrhundertelang galt die Rechtfertigungslehre als der entscheidende Kontroverspunkt zwischen römisch-katholischer und evangelisch-lutherischen Kirchen. Durch die »Gemeinsame Erklärung zur Rechtfertigungslehre« ist hier eine Grundübereinstimmung festgestellt. Es bleiben aber noch Differenzen und diese liegen fast durchweg im Bereich des Kirchenverständnisses: »Unser Konsens in Grundwahrheiten der Rechtfertigungslehre muss sich im Leben und in der Lehre der Kirchen auswirken und bewähren. Im Blick darauf gibt es noch Fragen von unterschiedlichem Gewicht, die weiterer Klärung bedürfen: Sie betreffen unter anderem das Verhältnis von

118

Wort Gottes und kirchlicher Lehre sowie die Lehre von der Kirche, von der Autorität in ihr, von ihrer Einheit, vom Amt und den Sakramenten« (Gemeinsame Erklärung Nr. 43).

»Christus ja, Kirche nein« ist eine weit verbreitete Stimmung. »Mit der Kirche habe ich nichts am Hut«, heißt es dann. Gemeint ist die »Amtskirche«, also die Kirche als Organisation, mit ihren Amtsträgern, Ämtern, Ordnungen und Gesetzen. Manche, die sich so kirchenkritisch geben, machen freilich von Angeboten der örtlichen Kirchengemeinde Gebrauch, ohne daran zu denken, dass es sich auch hier um »Kirche« handelt. Oder sie sind sogar in einer kleinen Gruppe von überzeugten Christen beheimatet, die sie allerdings nicht mit »Kirche« in Beziehung bringen.

»Kirche« ist nach reformatorischer Lehre die Gemeinschaft der Glaubenden. Sie ist »die Versammlung aller Gläubigen, bei denen das Evangelium rein gepredigt und die heiligen Sakramente laut dem Evangelium gereicht werden« (Augsburger Bekenntnis von 1530, Artikel 7). »Es weiß, Gott Lob, ein Kind von sieben Jahren, was die Kirche ist: nämlich die heiligen Gläubigen und die Schäflein, die ihres Hirten Stimme hören. Denn so beten die Kinder: ›Ich glaube eine heilige christliche Kirche.‹ Diese Heiligkeit besteht nicht in Chorhemden, Platten (Tonsuren), langen Röcken und ihren andern Zeremonien, wie sie von ihnen über die Heilige Schrift hinaus erdichtet worden sind; sondern im Wort Gottes und rechten Glauben« (Martin Luther, Schmalkaldische Artikel von 1537, Teil 3, Artikel 12).

Damit ist nach reformatorischer Lehre die Kirche nicht bloß die Summe gläubiger Christen. Grundlegend ist das Wort Gottes. Die Kirche ist dort anwesend, wo Menschen das Wort Gottes hören, und sie ist zugleich eine weltweite Gemeinschaft, die »eine heilige christliche Kirche«. Die eine weltweite Christenheit setzt sich aus den verschiedenen Konfessionsfamilien und Denominationen zusammen. Die Kirche besteht nicht nur von Ort zu Ort, sondern auch von Generation zu Generation. Dazu bedarf es der Bibel, der Verkündigung der biblischen Botschaft, des Gottesdienstes, der Sakramente, und die Kirche beauftragt Menschen, das Wort Gottes öffentlich zu verkündigen.

Wird in römisch-katholischen Zusammenhängen von »der Kirche« geredet, dann ist häufig schlicht an die eigene Kirche gedacht. Allerdings wird heute kaum jemand so weit gehen wie einst Kardinal Robert Bellarmin (1552-1621), der die »wahre Kirche« und die römische Kirche für deckungsgleich hielt: »Die Kirche ist eine, nicht zwei; und diese eine, wahre Kirche ist die Vereinigung derjenigen Menschen, welche durch das Bekenntnis des gleichen christlichen Glaubens und die Gemeinschaft der gleichen Sakramente verbunden ist, unter der Leitung rechtmäßiger Hirten und vorzüglich des Einen Stellvertreters Christi auf Erden, des Römischen Papstes. ... Die Kirche ist ja eine Vereinigung von Menschen, so sichtbar und greifbar, wie es die Vereinigung des römischen Volkes oder das Königreich Frankreich oder die Republik Venedig ist.«

Im Zweiten Vatikanischen Konzil wird das Verhältnis der römisch-katholischen zu den anderen christlichen Kirchen differenzierter gesehen: Die eine Kirche ist »verwirklicht in der katholischen Kirche, die vom Nachfolger Petri und von den Bischöfen in Gemeinschaft mit ihm geleitet wird. Das schließt nicht aus, dass außerhalb ihres Gefüges vielfältige Elemente der Heiligung und der Wahrheit zu finden sind, die als der Kirche Christi eigene Gaben auf die katholische Einheit hindrängen« (Kirchenkonstitution Nr. 8). Die römisch-katholische Kirche ist also nach ihrer Lehre und ihrer Gestalt die Kirche, wie sie Jesus Christus gewollt hat. In ihr wird die Fülle des Wortes Gottes und der Heilsgaben bewahrt und ausgeteilt. Demgegenüber sind die anderen Kirchen mehr oder weniger bruchstückhaft, mit Mängeln behaftet, und sie sind nur in ihrer Hinordnung auf die römisch-katholische Kirche zu verstehen.

Doch sieht sich die römisch-katholische Kirche streng genommen nicht mehr als »allein seligmachend« an. Denn es wird offiziell anerkannt, »dass einige, ja sogar viele und bedeutende Elemente oder Güter, aus denen insgesamt die Kirche erbaut wird und ihr Leben gewinnt, auch außerhalb der sichtbaren Grenzen der katholischen Kirche existieren können: das geschriebene Wort Gottes, das Leben der Gnade, Glaube, Hoffnung und Liebe und andere Gaben des Heiligen Geistes und sichtbare Elemente: All dieses, das von Christus ausgeht und zu ihm hinführt, gehört rechtens zu der einzigen Kirche Christi« (Zweites Vatikanisches Konzil, Ökumenismusdekret Nr. 3). Auch wenn die nicht-römischen »Kirchen und Gemeinschaften« im Grunde nichts ohne die römische Kirche sind, kann man auch in ihrem Rahmen, wie die Dinge nun einmal stehen, zum Heil finden: »Diese getrennten Kirchen und Gemeinschaften« sind »trotz der Mängel, die ihnen nach unserem Glauben anhaften, nicht ohne Bedeutung und Gewicht im Geheimnis des Heiles. Denn der Geist Christi hat sich gewürdigt, sie als Mittel des Heils zu gebrauchen, deren Wirksamkeit sich von der der katholischen Kirche anvertrauten Fülle der Gnade und Wahrheit herleitet« (Ökumenismusdekret Nr. 3).

Das Zweite Vatikanische Konzil unterscheidet zwischen der »Kirche«, den »Kirchen« und den »kirchlichen Gemeinschaften«. »Kirchen« sind eindeutig die orthodoxen und altorientalischen Kirchen und sicher auch die altkatholischen Kirchen. Das sind nämlich die Kirchen, die aus römisch-katholischer Sicht ein gültiges Bischofsamt in apostolischer Sukzession festhalten und somit auch gültig geweihte Priester haben. Ob die anglikanische Kirche zu den »Kirchen« oder den »kirchlichen Gemeinschaften« gerechnet wird, ist nicht klar. Eindeutig aber gehören die übrigen reformatorischen »Konfessionsfamilien« nur zu den »kirchlichen Gemeinschaften« (*communitates ecclesiasticae*), weil bei ihnen das »Weihesakrament« (Priesterweihe) fehle, ihre Eucharistiefeiern somit nicht von »gültig« geweihten Priestern geleitet würden und deshalb in ihrem Abendmahl die volle Gegenwart Christi nicht gegeben sei. »Obgleich den von uns getrennten Kirchlichen Gemeinschaften die aus der Taufe hervorgehende volle Einheit mit uns fehlt und obgleich sie nach unserem Glauben vor allem wegen des Fehlens des Weihesakraments die ursprüngliche und vollständige Wirklichkeit (*substantia*) des eucharistischen Mysteriums nicht bewahrt haben, bekennen sie doch bei der Gedächtnisfeier des Todes und der Auferstehung des Herrn im Heiligen Abendmahl, dass hier die lebendige Gemeinschaft mit Christus bezeichnet werde, und sie erwarten seine glorreiche Wiederkunft« (Ökumenismusdekret Nr. 22).

Die römisch-katholische Kirche sieht ihr Verhältnis zu den übrigen Konfessionsfamilien nach der Enzyklika »Ecclesiam suam« Papst Pauls VI. vom 6. August 1964 in konzentrischen Kreisen. Den innersten Zirkel bildet die römisch-katholische Kirche. Dann folgen die romfreien katholischen Kirchen, dann die reformatorischen »kirchlichen Gemeinschaften«, dann die übrigen Religionen, schließlich die ganze Menschheit. Die römisch-katholische Kirche versteht ihr Verhältnis zu den anderen Konfessionsfamilien nicht als eine Alternative von Wahrheit oder Unwahrheit, Heil oder Unheil, sondern von »Fülle« bei sich selbst und »Fragmenten« bei den anderen Konfessionen und Denominationen.

Die reformatorischen Kirchen sehen (nach Johannes 1,16; 1. Korinther 1,30; Epheser 4,13; Kolosser 2,3.9) allein in Jesus Christus selbst die Fülle der Wahrheit, der Gnade und der Erkenntnis gegeben. Da alle Kirchen und Christen ständig hinter dieser Fülle zurückbleiben, sind sie alle, jeweils auf unterschiedliche Weise und vielleicht in unterschiedlichem Ausmaß, mit Mängeln behaftet. Auch die römisch-katholische Kirche weiß um den Vorrang Jesu Christi. Doch hat (nach Epheser 1,22-23; 4,15-16; Kolosser 2,9-10) die Kirche als der »Leib Christi« an der Fülle ihres Hauptes Christus Anteil. Mit »der Kirche« meint die römisch-katholische Kirche (auf jeden Fall vorrangig) sich selbst.

Zwischen der römisch-katholischen und den reformatorischen Kirchen ist das Bild der Kirche als des »Leibes Christi« als solches unumstritten, weil es sich hier um ein zentrales neutestamentliches Motiv handelt. Es wird allerdings bei Paulus und bei den »deuteropaulinischen« Schriften, dem Kolosserbrief und dem Epheserbrief, etwas unterschiedlich behandelt.

Bei Paulus (Römer 12,4-6; 1. Korinther 10,16-17; 12,12-31) ist die Kirche der Leib und Christus ist der Geist, der diesen Leib durchströmt, belebt und erneuert (2. Korinther 3,17: »Der Herr ist der Geist«). Christus ist das Geheimnis seines Leibes, der Kirche. Der Leib Christi kann ohne den Geist Christi nicht leben, wie der Leib nicht ohne die Seele. Der Geist Christi ist aber nicht auf den Leib Christi angewiesen. Er braucht ihn nur, um sich irdisch zu manifestieren.

Im Epheserbrief (1,22-23; 4,12-16; 5,23) und im Kolosserbrief (1,18.24; 2,9-10;19) ist Christus verstanden als das Haupt seiner Glieder, sozusagen des Rumpfes. Die Glieder können nicht ohne das Haupt existieren, das ihnen übergeordnet und überlegen ist. Andererseits kann auch das Haupt nicht ohne den Rumpf sein. Haupt und Glieder wirken in untrennbarer Zusammengehörigkeit aufeinander ein.

Die reformatorischen Kirchen bevorzugen die paulinische Konzeption des Leibes Christi. Die römisch-katholische Kirche hält sich eher an die deuteropaulinische Konzeption. Von dort ist es nicht weit zu der Vorstellung von der Kirche als dem irdisch »fortlebenden Christus« *(Christus prolongatus)*, wie sie der römisch-katholische Theologe Johann Adam Möhler (1796-1838) formulierte: »So ist denn die sichtbare Kirche ... der unter den Menschen in menschlicher Form fortwährend erscheinende, stets sich erneuernde, ewig sich verjüngende Sohn Gottes, die andauernde Leibwerdung beziehungsweise Fleischwerdung desselben« (zitiert bei: Heinrich Ott, Die Antwort des Glaubens. Systematische Theologie in 50 Artikeln, 3. Auflage, Stuttgart, 1981, S. 416). Ist mit der Kirche, in welcher Jesus Christus irdisch fortlebt, die römisch-katholische Kirche gemeint, dann zeigt sich hier ihr Anspruch gegenüber den anderen Konfessionsfamilien.

Die enge Zusammengehörigkeit von Christus und der Kirche führt römisch-katholisch zu einem doppelten Kirchenbegriff in Entsprechung zu den zwei Naturen Christi: seiner göttlichen und menschlichen Natur, wie deren Zusammenhang im Konzil von Chalcedon 451 bestimmt worden ist: »Der eine und selbe (Jesus Christus) ist vollkommen der Gottheit und vollkommen der Menschheit nach, wahrer Gott und wahrer Mensch. ...Wir bekennen einen und denselben Christus, den Sohn, den Herrn, den Einziggeborenen, der in zwei Naturen unvermischt, unverwandelt, ungetrennt und ungesondert besteht.«

Die Kirche nach ihrer leiblichen, menschlichen Seite ist eine sichtbare, hierarchisch (von oben nach unten) gegliederte Gesellschaft, und nach ihrer verborgenen, geistlichen, göttlichen Seite ist sie ganz von Christus bestimmt. Beides, die sichtbare und verborgene Seite, ist zwar zu unterscheiden, bildet aber doch eine untrennbare Einheit, wie eben in Christus die göttliche und die menschliche Natur geeint sind. »Der einzige Mittler Christus hat seine heilige Kirche, die Gemeinschaft des Glaubens, der Hoffnung und der Liebe, hier auf Erden als sichtbares Gefüge verfasst und trägt sie als solches unablässig; so gießt er durch sie Wahrheit und Gnade auf alle aus. Die mit hierarchischen Organen ausgestattete Gesellschaft und der geheimnisvolle Leib Christi, die sichtbare Versammlung und die geistliche Gemeinschaft, die irdische Kirche und die mit himmlischen Gaben beschenkte Kirche sind nicht als zwei verschiedene Größen zu betrachten, sondern bilden eine einzige komplexe Wirklichkeit, die aus menschlichem und göttlichem Element zusammenwächst. Deshalb ist sie in einer nicht unbedeutenden Analogie dem Mysterium des Fleisch gewordenen Wortes ähnlich. Wie nämlich die angenommene Natur dem göttlichen Wort als lebendiges, ihm unlöslich geeintes Heilsorgan dient, so dient auf eine ganz ähnliche Weise das gesellschaftliche Gefüge der Kirche dem Geist Christi, der es belebt, zum Wachstum seines Leibes« (Zweites Vatikanisches Konzil, Kirchenkonstitution Nr. 8).

Auch nach reformatorischer Lehre ist die Kirche zugleich sichtbar und unsichtbar oder verborgen. Die Kirche als Rechtsgemeinschaft, als eine Institution mit Ämtern, Ordnungen, Ritualen, Sakramenten und Tätigkeiten, ist das eine. Die Kirche als Geistgemeinschaft, als die Schar der wahrhaft Glaubenden, ist das andere. Aber die verborgene Kirche der wahrhaft Glaubenden findet sich nicht »in Fülle« in einer einzigen Konfessionsfamilie, sondern von vornherein in den verschiedenen Konfessionsfamilien und Denominationen. Der Glaube ist verborgen und unter dem Mantel des Glaubens gibt es manche Heuchelei. »Die christliche Kirche ist eigentlich nichts anderes als die Versammlung aller Gläubigen und Heiligen, jedoch bleiben in diesem Leben unter den Frommen viele

falsche Christen und Heuchler, auch öffentliche Sünder«
(Augsburger Bekenntnis, Artikel 8).

Ähnlich dachte schon Augustin. Er verstand einerseits die katholische Kirche (die Reichskirche oder Großkirche seiner Zeit) als allein selig machend: »Das Heil
kann der Mensch nur in der katholischen Kirche haben.
Außerhalb der katholischen Kirche kann er alles haben
außer dem Heil.« Zugleich aber wusste Augustin, dass
»manche, die drinnen sind, draußen sind, und manche,
die draußen sind, drinnen sind«: »Wie es in der katholischen Kirche auch Unkatholisches gibt, so kann es auch
Katholisches außerhalb der katholischen Kirche geben.«

Die enge Verbundenheit der Kirche mit Christus wird,
da Jesus Christus selbst das Mensch gewordene Geheimnis Gottes ist, römisch-katholisch in den Begriff »mystischer Leib Christi« (*corpus Christi mysticum*) gefasst.
Nach der Enzyklika »Mystici Corporis« vom 29. Juni 1943
vertritt die Kirche auf Erden wie »ein zweiter Christus« ihr
mystisches Haupt Christus. Mystischer Leib Christi ist die
römische Kirche als Ganze, und nicht nur ihre unsichtbare Seite. Das Zweite Vatikanische Konzil greift diese
Ausdrucksweise auf: »Die heilige katholische Kirche ist
der mystische Leib Christi und besteht aus den Gläubigen,
die durch denselben Glauben, dieselben Sakramente und
dieselbe oberhirtliche Führung im Heiligen Geist orga-
nisch geeint sind« (Ostkirchendekret Nr. 2).

Dazu kommt jetzt die Rede von der Kirche als dem
Ursakrament oder Grundsakrament: »Die Kirche ist ja in
Christus gleichsam das Sakrament, das heißt Zeichen und
Werkzeug für die innigste Vereinigung mit Gott wie für
die Einheit der ganzen Menschheit« (Kirchenkonstitution
Nr. 1). Dafür gibt es in Epheser 5,32 sprachlich einen Anhalt. Dort wird das Verhältnis von Christus zur Kirche als
»mysterion« (Mysterium) bezeichnet, und in der lateini-
schen Bibelübersetzung steht dafür »sacramentum«.

Nach reforma[...]e ist aber nicht die Kirche, sondern Jes[...]eheimnis Gottes« (Kolosser 2,2). Er ist [...]gentliche Ursakrament oder Grundsak[...]»Zeichen und Werkzeug des Heils«. [...]ehre betont die Unterordnung der Kir[...].

Unfehlbarkeit und Sündlosigkeit der Kirche?

Der schärfste Unterschied zwischen der römisch-katholischen Kirche und den reformatorischen Kirchen liegt nicht darin, dass die römisch-katholische Kirche vom Bischof in Rom geleitet wird, sondern dass dieser – nach den beiden Papstdogmen des Ersten Vatikanischen Konzils 1869-1870 – den Jurisdiktionsprimat, das heißt die oberste und absolute gesetzgebende, richterliche und ausführende Gewalt innehat und bei definitiven Lehrentscheidungen in Fragen des Glaubens und der Sitte über die »Unfehlbarkeit« verfügt.

Der Bischof von Rom als oberster Hirte, als ranghöchster Geistlicher einer weltweiten Christenheit wäre sogar reformatorisch nicht undenkbar. So gab der Reformator Philipp Melanchthon (1497-1560) zu Luthers »Schmalkaldischen Artikeln« (1537) eine Zusatzerklärung ab: »Vom Papst meine ich, wenn er das Evangelium zulassen wollte, dass ihm – um des Friedens und der allgemeinen Einheit willen mit denjenigen Christen, die schon unter ihm sind und in Zukunft sein werden – seine Superiorität (Oberhoheit) über die Bischöfe, die er *iure humano* (aus menschlichem Recht) hat, auch von uns zuzugestehen ist.« Durch die Dogmen vom Jurisdiktionsprimat und von der Unfehlbarkeit wird für den Papst allerdings ein

Vorrang *iure divino* (aus göttlichem Recht) behauptet, den die nicht-römischen Kirchen nicht nachvollziehen können, weil er in der Bibel keinerlei Anhalt finde.

Unfehlbar ist aus römisch-katholischer Perspektive nicht der Papst als solcher, sondern die Kirche als Ganze – und wieder ist offensichtlich die römisch-katholische Kirche selbst gemeint: »Die Gesamtheit der Gläubigen, welche die Salbung von dem Heiligen haben, kann im Glauben nicht irren. Und diese ihre besondere Eigenschaft macht sie durch den übernatürlichen Glaubenssinn des ganzen Volkes dann kund, wenn sie ›von den Bischöfen bis zu den letzten gläubigen Laien‹ ihre allgemeine Übereinstimmung in Sachen des Glaubens und der Sitten äußert. Durch jenen Glaubenssinn nämlich, der vom Geist der Wahrheit geweckt und genährt wird, hält das Gottesvolk unter der Leitung des heiligen Lehramtes, in dessen treuer Gefolgschaft es nicht mehr das Wort von Menschen, sondern wirklich das Wort Gottes empfängt, den einmal den Heiligen übergebenen Glauben unverlierbar fest« (Zweites Vatikanisches Konzil, Kirchenkonstitution Nr. 12). Diese Unfehlbarkeit oder Irrtumslosigkeit der gesamten römischen Kirche findet ihren Ausdruck, indem entweder der Papst allein oder der Papst zusammen mit allen Bischöfen (vor allem auf einem Konzil) etwas zum Dogma, zur endgültigen, verpflichtenden, letztverbindlichen Glaubenslehre erklärt.

Dieser ganzen Lehre von der Unfehlbarkeit der Kirche, vertreten durch den Papst oder das Konzil, stellte Martin Luther auf der Leipziger Disputation 1519 den Satz entgegen: »Auch ein Konzil kann bisweilen irren und hat bisweilen geirrt, haben doch Konzile einander widersprochen.«

Der Unfehlbarkeit auf dem Gebiet des Erkennens entspricht die Sündlosigkeit auf dem Gebiet des Handelns. Nun wird für die römisch-katholische Kirche nicht direkt Sündlosigkeit behauptet. Doch sprach Papst Johannes Paul II. in seinem Schuldbekenntnis vom 12. März 2000 zwar von den Sünden mancher »Glieder« der Kirche, aber nicht von der Schuld der Kirche. So betete der Papst: »Herr unser Gott, du heiligst deine Kirche auf ihrem Weg durch die Zeit immerfort im Blut deines Sohnes. Zu allen Zeiten weißt du in ihrem Schoß um Glieder, die durch ihre Heiligkeit strahlen, aber auch um andere, die dir ungehorsam sind und dem Glaubensbekenntnis und dem heiligen Evangelium widersprechen« (»Süddeutsche Zeitung« vom 13. März 2000). Auch in der begleitenden Studie »Erinnern und Versöhnen« wird es vermieden, die Kirche selbst als Sünderin zu bezeichnen: »Die Kirche, die aufgrund ihrer Inkorporation in Christus heilig ist, wird nicht müde, Buße zu tun. Sie anerkennt immer, vor Gott und den Menschen, dass die Sünder aus ihren Reihen ihre Söhne sind, seien es Christen, die früher gelebt haben oder die heute leben« (Internationale Theologische Kommission: Erinnern und Versöhnen. Die Kirche und ihre Verfehlungen in ihrer Vergangenheit, Freiburg 2000, S. 63).

Da die Kirche als mystischer Leib Christi an Christus Anteil hat, ist sie selbst »unzerstörbar heilig«: »Es ist Gegenstand des Glaubens, dass die Kirche, deren Geheimnis die Heilige Synode vorlegt, unzerstörbar heilig ist« (Zweites Vatikanisches Konzil, Kirchenkonstitution Nr. 39). Sicher handelt es sich hier um eine eingeschränkte Sündlosigkeit, die aber klar von den Sündern in den Reihen der Kirche abgehoben wird: »Während aber Christus heilig, schuldlos, unbefleckt war und Sünde nicht kannte, sondern allein die Sünden des Volkes zu sühnen gekommen ist, umfasst die Kirche Sünder in ihrem eigenen Schoße. Sie ist zugleich heilig und stets der Reinigung bedürftig, sie geht immerfort den Weg der Buße und der Erneuerung« (Kirchenkonstitution Nr. 8).

Aus reformatorischer Sicht ist die Kirche, wie die einzelnen Christen, sündig und zugleich gerechtfertigt. Sie ist nicht nur, aber eben auch eine »irrige, arme Sünderin«, wie Luther 1531 in seiner »Glosse auf das vermeinte kaiserliche Edikt« schrieb: »Heilig ist die Kirche, das ist wahr; aber heilig sein heißt nicht, hier auf Erden ohne Sünde und Irrtum sein, sondern es heißt im Geist heilig sein durch Gottes Wort, und doch in Sünden sein durchs Fleisch, welche um des Geistes Christi willen wohl vergeben sind, aber darum gleichwohl nicht Recht oder Wahrheit werden. ... In Christi Wort ist die Kirche heilig und gewiss; außer Christi Wort ist sie gewiss eine irrige, arme Sünderin, doch unverdammt um Christi willen, an den sie glaubt. Das will ich gesagt haben wider die halsstarrigen Ruhmredner, die immer plärren: die Kirche, die Kirche, die Kirche! und wissen nicht, weder was Kirche noch (was) Heiligkeit der Kirche sei« (Weimarer Ausgabe 30 III, S. 342). Die Kirche ist fehlbar und Sünderin, allerdings ist sie Zeugin der unbedingten Wahrheit des Wortes Gottes und von Gott gerechtfertigt und geheiligt.

Hier zeigt sich die Bedeutung der Botschaft von der »Rechtfertigung allein aus Gnade« speziell für das Verständnis der Kirche. Wenn die einzelnen Glaubenden, wie alle Menschen, fehlbar sind und Sünder bleiben, das heißt immer von neuem schuldig werden, so gilt das nach reformatorischer Lehre auch von der Kirche als der Gemeinschaft der Glaubenden. Sind die einzelnen Christen »zugleich gerechtfertigt und Sünder« (*simul iusti et peccatores*), dann auch die Kirche: Sie ist durch Gottes Gnade angenommen und erneuert und wird doch auf allen Ebenen oft genug schuldig.

Diesen Zusammenhang von Rechtfertigungslehre und Verständnis der Kirche unterstreicht auch die Studie »Lehrverurteilungen – kirchentrennend?« (1986) eines »Ökumenischen Arbeitskreises evangelischer und katholischer

Theologen«. Danach wird die »Rechtfertigungslehre zum kritischen Maßstab, an dem sich jederzeit überprüfen lassen muss, ob eine konkrete Interpretation unseres Gottesverhältnisses den Namen ›christlich‹ beanspruchen kann. Sie wird zugleich zum kritischen Maßstab für die Kirche, an dem sich jederzeit überprüfen lassen muss, ob ihre Verkündigung und ihre Praxis dem, was ihr von ihrem Herrn vorgegeben ist, entspricht« (Karl Lehmann/ Wolfhart Pannenberg (Hg.), Lehrverurteilungen – kirchentrennend? Band I, 1986, S. 75).

Umgekehrt wirkt sich auch das Kirchenverständnis auf die Lehre von der Rechtfertigung aus. Nach der alten Lehrmeinung schon aus dem 3. Jahrhundert (Cyprian von Karthago), wonach es »außerhalb der Kirche kein Heil« gibt, ist die Kirche die Heilsanstalt, die exklusiv die Gnade Gottes verwaltet. Danach geht für die heilbringende Gemeinschaft mit Gott kein Weg an der Kirche vorbei. Dies einmal vorausgesetzt, ist die Kirche als irdische Zwischeninstanz zwischen Gott und Mensch im Stande, die Menschen wirkungsvoll mit den Gnadenmitteln zu versehen und sie zur Umkehr zu führen. Man muss sich dann nur den Vorschriften, den Angeboten und der Leitung der Kirche anvertrauen. Nach diesem Menschenbild sind die Menschen zwar schwach, aber doch verbesserungsfähig. Sie verfügen über ein erhebliches Potenzial an Eigenkräften, um selbstständig mithelfen zu können, dass die Kirche mit ihrer Wegweisung zu Gott auch ans Ziel kommt.

Ist die Kirche die entscheidende und wirksame Heilsanstalt, dann müssen die Menschen mit ihren Möglichkeiten selbst zum Erfolg der Kirche beitragen. Das ist ein Synergismus, ein Zusammenwirken von Gott und Mensch, welcher der reformatorischen Rechtfertigungslehre widerspricht. Denn nach dieser sind die Menschen nicht nur auf die Gnade angewiesen, sondern können am Zustandekommen ihres Heils auch nicht mitwirken.

Sowohl gegen die Unfehlbarkeit als auch gegen eine Sündlosigkeit der Kirche richtet sich das »protestantische Prinzip« des evangelischen Theologen Paul Tillich. Nichts Irdisches, auch nichts Kirchliches, auch nicht die Kirche als solche darf nach Tillich eine absolute Autorität und Kompetenz zugesprochen bekommen oder sich selbst anmaßen. Es geht darum, »die Würde des Unbedingten gegen jeden Versuch einer endlichen Wirklichkeit, sich selbst als unbedingt zu setzen, zu schützen« (Gesammelte Werke 7, S. 57). Der Grund dafür liegt im Ersten Gebot, in der alleinigen Gottheit des dreieinigen Gottes: »Der Protestantismus bejaht die absolute Majestät Gottes und erhebt prophetischen Protest gegen jeden menschlichen – kirchlichen wie profanen – Anspruch auf absolute Wahrheit und Autorität« (ebd., S. 135).

Zwei praktische Argumente gegen die Theorie von der Sündlosigkeit der Kirche werden von Christen der verschiedenen Konfessionen vertreten: Die Sündlosigkeit der Kirche passt nicht mit den ungeheuren Verbrechen zusammen, die von der Kirche begangen wurden; und generell neigen Institutionen, zu denen auch die Kirchen gehören, zu struktureller Sünde wie dem Streben nach Machtgewinn und Machterhalt auch auf Kosten der Wahrhaftigkeit und der Freiheit.

Unterschiedliches Amtsverständnis

Die Kirche stellt sich unter anderem in ihren Ämtern dar. Alle katholischen Kirchen kennen die Dreigliederung des geistlichen Amtes in Bischof, Priester und Diakon. Nach reformatorischer Lehre ist gegen diese Dreigliederung nichts einzuwenden, sofern nicht behauptet wird, eine andere Struktur als eben diese sei in der Kirche nicht zulässig. Im »Lima-Text« des Ökumenischen Rates der Kirchen von 1982 wird diese Dreigliederung als Normalfall vorausgesetzt (Taufe, Eucharistie und Amt: Amt Nr. 19-25), doch wird die »dreigliedrige Struktur« nicht als unabdingbar behauptet. Nur müssten auf alle Fälle »diakonische, presbyteriale und episkopale Aspekte und Funktionen« ausgeübt werden.

In den reformatorischen Konfessionsfamilien finden sich unterschiedliche Gliederungen des geistlichen Amtes. Dabei kann keine Struktur Alleingeltung beanspruchen, und das schon deshalb nicht, weil in den frühchristlichen Gemeinden selbst die Amtsstrukturen nicht einheitlich waren: In der Jerusalemer Urgemeinde gab es zuerst das Kollegium der Zwölf mit Petrus an der Spitze, dann ein Dreierkollegium, dann ein Kollegium von Presbytern mit Jakobus an der Spitze. Die hellenistischen Judenchristen in Jerusalem wurden von einem Gremium von sieben Presbytern (Apostelgeschichte 6: Diakone) geleitet. Die von Paulus gegründeten Gemeinden hatten zuerst die Ämter der Apostel, Propheten und Lehrer (1. Korinther 12,28), dann die Ämter der Episkopen (Bischöfe) und Diakone (Philipper 1,1). In der nachapostolischen Zeit wurden die Gemeinden von einem Kollegium von Presbytern (Ältesten) oder Episkopen geleitet. Diese waren durch Ordination auf Lebenszeit eingesetzt. Um 110 entwickelte sich der monarchische Episkopat: Einem Bischof, der die Gemeinde leitet, unterstehen Presbyter und Diakone.

In der Struktur der römisch-katholischen Kirche ist die Unterscheidung von Klerus (Priestern) und Laien grundlegend (Codex des Kanonischen Rechts, 1983). Mit Ausnahme der Taufe (Nottaufe!) ist die gültige Spendung der Sakramente den ordinierten (geweihten) Priestern vorbehalten. Das Sakrament der Priesterweihe kann nur der Bischof spenden. »Das gemeinsame Priestertum der Gläubigen aber und das Priestertum des Dienstes, das heißt das hierarchische Priestertum, unterscheiden sich zwar dem Wesen und nicht bloß dem Grade nach. Dennoch sind sie einander zugeordnet« (Zweites Vatikanisches Konzil, Kirchenkonstitution Nr. 10). Im Bußsakrament wird die Vergebung der Schuld indikativisch zugesprochen, anders als in Bußfeiern, in denen eine Vergebungsbitte ausgesprochen wird. Im Bußsakrament hat der vom Bischof geweihte Priester einzigartige Vollmachten, und damit sind die Menschen, wenn sie den gültigen Zuspruch der Sündenvergebung bekommen wollen, auf die Kirche als die Heilsanstalt angewiesen. In den reformatorischen Kirchen dagegen können sich Christen gegenseitig die Sündenvergebung zusprechen, gleichgültig ob sie ordinierte Geistliche oder »Laien« sind.

Auch aus reformatorischer Sicht bedarf es geordneter kirchlicher Ämter, und zwar weil die Kirche für eine verlässliche Weitergabe der christlichen Botschaft zu sorgen hat und weil die kirchlichen Dienste sowohl intern als auch gegenüber der weiteren Öffentlichkeit in kompetenter Weise auszuüben sind. Doch kann grundsätzlich, im Klartext: auf alle Fälle im Notfall, jeder Christ die Funktionen ausüben, die im Normalfall den ordinierten Geistlichen vorbehalten sind. Auch der »Lima-Text« sieht diese Möglichkeit vor: »Die hauptsächliche Verantwortung des ordinierten Amtes besteht darin, den Leib Christi zu sammeln und aufzuerbauen durch die Verkündigung und Unterweisung des Wortes Gottes, durch die Feier der Sakramente und durch die Leitung des Lebens der Gemeinschaft in ihrem Gottesdienst, in ihrer Sendung und in ihrem fürsorgenden Dienst« (Taufe, Eucharistie und Amt: Amt Nr. 13). In einem »Kommentar« wird gleich hinzugefügt: »Diese Aufgaben werden nicht ausschließlich durch das ordinierte Amt ausgeübt.«

Nach der reformatorischen Lehre vom »allgemeinen Priestertum der Glaubenden« haben die kirchlichen Instanzen und Amtsträger nicht von vornherein größere Einsicht als die normalen Kirchenmitglieder. Denn wo es um die Wahrheit geht und darum, wie man sich ihr nähert und sich von ihr ergreifen lässt, könne nicht die formale Autorität einer Kirche und ihres Lehramtes das Entscheidende sein, sondern die Wahrheit selbst, wie sie sich von sich aus und wem auch immer erschließe: »Der Geist weht, wo er will« (nach Johannes 3,8).

Gottesdienst und Sakramente

Der normale sonntägliche oder feiertägliche Gottesdienst ist in der römisch-katholischen Kirche die Eucharistiefeier (Messe). Wenn kein geweihter Priester zur Verfügung steht, ist der Wortgottesdienst mit Kommunion (Austeilung des zuvor von einem Priester konsekrierten eucharistischen Brotes) eine Notlösung. Für die evangelischen Kirchen gibt es grundsätzlich keine Gottesdienstform, die »voller« oder »eigentlicher« wäre als andere Formen. Die Andacht, der Predigtgottesdienst, die Eucharistiefeier (Messe; Gottesdienst mit Predigt und Abendmahl), die schlichte Abendmahlsfeier sind grundsätzlich »gleichwertig«. Entscheidend ist, dass Gottes Wort laut wird.

»Sakramente« sind herausragende, Heil vermittelnde, von der kirchlichen Gemeinschaft anerkannte Zeichenhandlungen: »sichtbares Wort« (*verbum visibile*, so Augustin), »Zeichen und Werkzeuge des Heils« (katholische Formulierung), »göttliche Wortzeichen« (Formulierung des Reformators Johannes Brenz). Die sieben Sakramente

135

in den katholischen Kirchen (Taufe, Firmung, Abendmahl oder Eucharistie, Buße, Ehe, Priesterweihe, Krankensalbung), mit denen der jenseitige Gott in die Diesseitigkeit kommt, und die zwei Sakramente in den evangelischen Kirchen (Taufe und Abendmahl), die beide an der Geschichte Jesu einen Anhalt und Grund haben, müssen kein kirchentrennender Unterschied sein, zumal in allen Kirchen Taufe und Abendmahl als die grundlegenden Sakramente verstanden werden und auch die evangelischen Kirchen vergleichbare Segenshandlungen kennen (Konfirmation, persönliches oder gemeinschaftliches Sündenbekenntnis und Absolution, kirchliche Trauung, Ordination, Krankenabendmahl).

Allerdings sind in der römisch-katholischen Kirche mit den sieben Sakramenten Gnadengaben gegeben, die von der Kirche verwaltet werden und welche die Menschen von der Wiege bis zur Bahre so begleiten, dass sie dabei an die Vermittlung der Kirche gewiesen sind. Nur der gültig geweihte Priester kann die Eucharistie so leiten, dass Christus in Brot und Wein leibhaft gegenwärtig ist. Nur der Priester kann im Bußsakrament die Sündenvergebung (Absolution) definitiv zusagen. Das Bußsakrament mit seinen drei Schritten: Reue; Beichte samt Absolution; Genugtuung, ist im Fall von »Todsünden« (schweren Sünden) notwendig, aber auch im Fall von »lässlichen« (leichteren) Sünden wird es nahe gelegt.

Die Lehre von der Transsubstantiation – der Wandlung von Brot und Wein in Leib und Blut Christi, wenn der Priester in der Eucharistiefeier die Einsetzungsworte des Abendmahls spricht und damit die Elemente Brot und Wein konsekriert – ist nur in der römisch-katholischen Kirche Dogma. Die damit verbundene Lehre, in der Messe werde Christus von neuem »geopfert«, kann aber heute so »progressiv« gedeutet werden, dass an diesem Punkt kein kirchentrennender Unterschied zu den reformatorischen

Konfessionsfamilien mehr sein muss: Indem die Abendmahlsgemeinde Christus Gott »darbringt«, bringt sie sich selbst Gott dar. Das »Sühnopfer« der Messe kann in der römisch-katholischen Theologie so verstanden werden, »dass es nur eine Sühne gibt, das einmalige Opfer am Kreuz, das in der Eucharistie vergegenwärtigt und in der Fürbitte Christi und der Kirche für die ganze Menschheit vor den Vater gebracht wird« (Taufe, Eucharistie und Amt: Eucharistie, Kommentar zu Nr. 8).

Nach reformatorischer Lehre hat sich Christus ein für allemal für die Menschen geopfert, und eben das wird im Abendmahl verkündigt und vergegenwärtigt. Der entscheidende Unterschied liegt darin, dass es zur »gültigen« Feier der Eucharistie keines im katholischen Sinn geweihten Priesters bedarf und dass ein im Notfall oder Sonderfall von einem »Laien« geleitetes Abendmahl »gültig« ist. Damit ist die Bindung des Abendmahls an die kirchliche Institution, an die »Amtskirche«, lockerer.

Maria und die Heiligen

Auch in der Lehre von Maria, der Mutter Jesu, und in der Verehrung Mariens trennen sich die Wege. Zwar wird in der römisch-katholischen Kirche, von mancher Volksfrömmigkeit abgesehen, nicht zu Maria gebetet (keine *adoratio*). Sie wird aber angerufen (*invocatio*). Aus reformatorischer Sicht ist auch eine solche Anrufung nicht sinnvoll, da es durch Jesus Christus den einen verlässlichen Weg zu Gott gebe. Solle Maria zwischen den Menschen und Jesus Christus vermitteln, dann werde die eine und einzigartige Mittlerschaft Christi nur verdunkelt. Ähnliches gilt für die »Heiligen«, die nach römisch-katholischer Lehre um Beistand und Fürbitte bei Gott angerufen werden dürfen.

Das Besondere an der römisch-katholischen Lehre von Maria ist die Urbildlichkeit Mariens für die Kirche. In der Mutter Jesu findet sich die Kirche wieder. Maria wird »als überragendes und völlig einzigartiges Glied der Kirche wie auch als ihr Typus und klarstes Urbild im Glauben und in der Liebe gegrüßt, und die katholische Kirche verehrt sie, vom Heiligen Geist belehrt, in kindlicher Liebe als geliebte Mutter« (Zweites Vatikanisches Konzil, Kirchenkonstitution Nr. 53). Maria ist, nach dem 1854 verkündeten Dogma von der »Unbefleckten Empfängnis«, von Anfang an, das heißt vom Augenblick ihres Gezeugtseins und Empfangenseins, frei von der Erbsünde und auch von konkreter Schuld. Das Urbild der Kirche, die Mutter Jesu, war sündlos. Darin aber sieht die Kirche ihre eigene Sündlosigkeit vorgebildet. »Während aber die Kirche in der seligsten Jungfrau Maria schon zur Vollkommenheit gelangt ist, in der sie ohne Makel und Runzel ist, bemühen sich die Christgläubigen noch, die Sünde völlig zu besiegen und so in der Heiligkeit zu wachsen« (Kirchenkonstitution Nr. 65). In der Aufnahme Mariens in den Himmel mit Leib und Seele (Dogma von 1950) findet die Kirche ihre eigene Aufnahme in den Himmel und ihren Anteil an Gottes Ewigkeit vorgebildet.

Die Kritik der anderen Kirchen an diesen beiden Mariendogmen fängt damit an, dass sich weder für die »unbefleckte Empfängnis« noch für die »Himmelfahrt Mariens« irgendein biblischer Beleg finden lässt. Ferner wird, auf alle Fälle von den evangelischen Kirchen, die Tendenz kritisiert, hier Maria Jesus gleichzustellen und damit seine Einzigartigkeit als Sohn Gottes und Erlöser zu verdunkeln: Der Sündlosigkeit Jesu entspricht die Sündlosigkeit Mariens, der Himmelfahrt Jesu die Himmelfahrt Mariens.

Zur gesamtchristlichen, ökumenischen Substanz gehören zwei weitere Mariendogmen, die freilich evangelischerseits als Aussagen über Jesus Christus verstanden werden: die »Jungfrauengeburt«, das heißt die jungfräuliche Geburt Jesu (biblische Belege: Matthäus 1,18-23 und Lukas 1,26-38), sowie die »Gottesmutterschaft Mariens« (Konzil von Ephesus 431: Maria ist *theotokos*, Gottesgebärerin). In den liberalen oder progressiven Richtungen evangelischer Theologie wird die Jungfrauengeburt aber nicht wörtlich verstanden, also nicht biologisch, sondern symbolisch, als Ausdruck dessen, dass Jesus von Anfang an vom Heiligen Geist bestimmt ist (dazu Lukas 1,35.44 und Johannes 1,12-13). Jesus wird im Neuen Testament auch unbefangen als »Sohn Josefs« bezeichnet (Lukas 4,22; Johannes 6,42). Wer die Jungfrauengeburt auch biologisch nimmt, versteht Josef als Pflegevater oder Adoptivvater Jesu. Die römisch-katholische Kirche vertritt auch, zusammen mit den Ostkirchen und im Unterschied zu den evangelischen Kirchen, die »immerwährende Jungfräulichkeit« Mariens. Danach wären die »Schwestern und Brüder« Jesu, von denen in den Evangelien die Rede ist (etwa Markus 3,31-35), nur Vettern und Kusinen Jesu.

Die »Gottesmutterschaft Mariens« bedeutet nicht eine Göttlichkeit Mariens, sondern dass sie die Mutter Jesu Christi ist, der – im Sinn des Dogmas von den »zwei Naturen« Christi – zugleich »wahrer Mensch und wahrer Gott« ist.

Nach reformatorischer Auffassung ist Maria, die Mutter Jesu, durchaus ein Vorbild des Glaubens. Doch sei sie nicht sündlos, da sie sonst aus allen anderen Menschen herausgehoben wäre. In den evangelischen Kirchen werden grundsätzlich drei Marienfesttage beachtet, die einen biblischen Anhalt haben und dann als Christustage verstanden werden: »Mariä Lichtmess« (die Darstellung

Jesu im Tempel; Lukas 2,22-40) am 2. Februar; »Mariä Verkündigung« (Ankündigung der Geburt des Herrn; Lukas 1,26-38) am 25. März; »Mariä Heimsuchung« (Marias Besuch bei Elisabeth; Lukas 1,39-56) am 2. Juli. In hochkirchlichen evangelischen Kreisen und in der anglikanischen Kirche wird darüber hinaus auch der 15. August, der in der römisch-katholischen Kirche als »Mariä Himmelfahrt« gefeiert wird, als der Tag von »Mariä Entschlafung« begangen. Die römisch-katholischen Marientage »Mariä Geburt« (8. September) und »Mariä Empfängnis« (8. Dezember) werden evangelischerseits nicht begangen – »Mariä Empfängnis« schon aus dogmatischen Gründen nicht.

Auch in den evangelischen Kirchen werden neben der Mutter Jesu weitere Glaubenszeugen geachtet und verehrt, die man als »Heilige« bezeichnen kann. Doch wird evangelischerseits nicht eingesehen, dass die römisch-katholische Kirche in Gestalt des Papstes das Recht habe, jemanden für »heilig« und damit auch über den Tod hinaus Gott besonders nahe stehend zu erklären. Vielmehr werden in den evangelischen Kirchen Menschen als Beispiele gelebten Glaubens geachtet, die durch ihre Glaubwürdigkeit, ihren Glaubensgehorsam und ihre Gottverbundenheit beeindrucken.

Ablass

Der Ablass war ein Anlass, nicht der tiefere Grund, für die Reformation im 16. Jahrhundert. »Der Ablass ist Erlass einer zeitlichen Strafe vor Gott für Sünden, die hinsichtlich der Schuld schon getilgt sind. Ihn erlangt der Christgläubige, der recht bereitet ist, unter genau bestimmten Bedingungen durch die Hilfe der Kirche, die als Dienerin der Erlösung den Schatz der Genugtuungen Christi und der Heiligen autoritativ austeilt und zuwendet« (Papst Paul VI., zitiert in: Katechismus der Katholischen Kirche, S. 401).

Diese ganze Theorie und Praxis wird evangelischerseits abgelehnt. Denn hier schalte sich die römisch-katholische Kirche in das Verhältnis zwischen Gott und Mensch ein, indem sie einerseits »zeitliche Strafen« für bereits vergebene Schuld benennt und andererseits Hilfen gibt, um diese Sündenstrafen schneller abzuarbeiten. Zudem werden Ablässe für verstorbene Gläubige angeboten: »Durch die Ablässe können die Gläubigen für sich selbst und auch für die Seelen im Läuterungszustand den Erlass der zeitlichen Strafen erlangen, welche Folgen der Sünde sind« (Katechismus der Katholischen Kirche, S. 406). Damit aber versuche die römisch-katholische Kirche, sogar über den Tod hinaus in das Verhältnis zwischen Gott und Mensch einzugreifen. Zu dieser reformatorischen Kritik kommt auch die Kritik von römischen Katholiken selbst, die sich zumeist darin äußert, den Ablass einfach mit Schweigen zu übergehen.

Ethik

In den ethischen Fragen gibt es im Einzelnen keine grundsätzlichen Differenzen zwischen der römisch-katholischen Kirche und den reformatorischen Kirchen. In der Sozialethik, in Fragen der Gerechtigkeit und des Friedens, ist die Übereinstimmung besonders groß. So gibt es etwa in Deutschland gemeinsame Aussagen der römisch-katholischen und der evangelischen Kirche zu Fragen wie

Gentechnik, Bewahrung der Schöpfung, Asylrecht, Arbeitswelt und Entwicklungshilfe. Der römisch-katholische Grundsatz der »Subsidiarität« (die kleinere Gruppe soll sozial leisten, was sie leisten kann, und dafür von der größeren Gemeinschaft Unterstützung erhalten) wird evangelischerseits problemlos bejaht.

In der Sexualethik hat die römisch-katholische Kirche rigorose Auffassungen, etwa in der Ablehnung vorehelicher Intimbeziehungen, der Ehescheidung und der Abtreibung. Doch trifft sie sich hier mit konservativen Protestanten, etwa im Pietismus und in der evangelikalen Bewegung. Umgekehrt gehen progressive römische Katholiken hier oft eigene Wege, die von den lehramtlichen Vorschriften abweichen.

Mit detaillierten Ehevorschriften, die damit zusammenhängen, dass die Ehe zwischen Christen als Sakrament verstanden wird, behält sich die römisch-katholische Kirche vor, die Gültigkeit oder Ungültigkeit einer Ehe festzustellen. Damit aber greift die Kirche in das persönliche Leben von Menschen ein. Wieder ist das Kirchenverständnis der eigentliche Differenzpunkt.

Die reformatorische Ethik betont eher die eigene Verantwortung der Christen, im Sinn des Wortes von Augustin: »Übe Liebe, und dann tue, was du für richtig hältst« (*ama et fac quod vis*). Doch kennt auch die römisch-katholische Kirche die Verantwortung dem eigenen Gewissen gegenüber, selbst wenn dieses, objektiv gesehen, irren sollte (Zweites Vatikanisches Konzil, Pastoralkonstitution über die Kirche in der Welt von heute Nr. 16).

Die römisch-katholische Morallehre kennt eine ethische »Kasuistik«, das heißt ins Einzelne gehende sittliche Vorschriften. Doch kann auch reformatorische Ethik konkrete Vorschriften aufstellen, mindestens im Sinn von Angeboten, welche die Einzelnen dann auf ihre Stichhaltigkeit hin zu prüfen haben.

Der beliebte römisch-katholische Ansatz beim »Naturrecht«, wonach grundlegende moralische Gebote und Verbote schon in der Natur, im Wesen des Menschen liegen und durch vernünftige Betrachtung eingesehen werden können, ist nur dann grundsätzlich zwischen den Konfessionen strittig, wenn die römisch-katholische Kirche selbst bestimmen will, was »natürlich« ist und was nicht, statt dies dem freien Argumentieren zu überlassen.

Zusammenfassung

Der entscheidende Kontroverspunkt zwischen römisch-katholischer Kirche und den reformatorischen Konfessionsfamilien ist die unterschiedliche Sicht der Kirche.

Nach römisch-katholischer Lehre ist die Kirche »Mutter und Lehrmeisterin der Glaubenden«. Sie stellt sich in den geistlichen Ämtern dar, in der Liturgie und den (sieben) Sakramenten. Bischofsamt und apostolische Sukzession sind unverzichtbar. Kirche ist dort, wo der Bischof ist.

Nach reformatorischer Lehre ist die Kirche »Geschöpf des Wortes Gottes«. Kirche ist dort, wo das Wort Gottes verkündigt und geglaubt wird. Die Bibel und die auf ihr fußende Verkündigung treten auch in kritische Distanz zur Kirche. Die Kirche als die Gemeinschaft der Glaubenden ist so wenig sündlos und unfehlbar wie die einzelnen Glaubenden selbst.

Römisch-katholisch wird die Kirche, und zwar primär die römisch-katholische Kirche, in untrennbarer Einheit mit Christus gesehen. Sie gilt als der »fortlebende Christus« (*Christus prolongatus*).

Reformatorisch wird eine Differenz zwischen Christus und der Kirche (verstanden als die weltweite Gemeinschaft der Glaubenden in allen Konfessionsfamilien und Denominationen) betont. Er ist der Herr der Kirche.

8. Evangelische und katholische Frömmigkeit

Konfessionell bestimmte und konfessionsübergreifende Frömmigkeit

Frömmigkeit oder, wie es heute häufig genannt wird, »Spiritualität« ist die Brücke zwischen dem Glauben und einem Verhalten, welches im praktischen Leben dem Glauben zu entsprechen sucht. Die christliche Botschaft wird in das eigene Innere hineingenommen. Sie wird bedacht und nachvollzogen: etwa durch Mitfeiern des Gottesdienstes, durch Beten, durch nachdenkliches Lesen in der Bibel und durch Fasten. Frömmigkeit verinnerlicht die Glaubensüberzeugung.

Frömmigkeit wird also in sichtbaren Formen eingeübt und wiederholt. Da wird etwa der Gottesdienst besucht, sonntäglich oder monatlich oder auch nur an Weihnachten. Das Tischgebet wird praktiziert. Täglich werden Abschnitte oder Verse der Bibel gelesen. Manche verzichten an den Freitagen auf Fleischspeisen, in der Erinnerung an Jesu Tod an einem Freitag. Zu den speziell katholischen Frömmigkeitsformen gehören die Geste des Sichbekreuzigens und das Rosenkranzgebet (mit wiederholt gesprochenem Vaterunser und »Ave Maria«).

Je stärker die persönliche Glaubensüberzeugung ist, desto intensiver wird Frömmigkeit praktiziert. Je oberflächlicher der Glaube ist, desto mehr richtet sich die Frömmigkeit bloß nach dem Brauchtum und flacht ab, wenn der Sozialdruck nachlässt, insbesondere in den Großstädten.

Weder katholische noch evangelische Frömmigkeit sind einheitlich. Da gibt es Überschneidungen. Manche Katholiken pflegen eine stark bibelbezogene, vielleicht sogar pietistisch anmutende Frömmigkeit, manche Protestanten eine stark auf den Gottesdienst und die Sakramente ausgerichtete Frömmigkeit. Dazu kommt, dass sich die Konfessionen in den meisten Teilen der Erde »inkulturiert« haben. So ist die Frömmigkeit in den katholischen wie in den evangelischen Kirchen Afrikas von der spontanen und stark körperbetonten Geistigkeit der Afrikaner mitbestimmt. Die Frömmigkeit in den nordeuropäischen Kirchen ist nüchterner und karger als etwa in den südeuropäischen Kirchen, ob diese nun römisch-katholisch, ostkirchlich oder reformatorisch sind.

Trotzdem fließen die theologischen Eigenheiten der einzelnen Konfessionsfamilien auch in die Frömmigkeit der Kirchenmitglieder ein, vor allem soweit diese stärker an ihre Kirche gebunden sind.

Etliche Formen der Frömmigkeit sind von vornherein konfessionsübergreifend – etwa die Meditation. In der gegenständlichen christlichen Meditation werden biblische Sätze, Motive oder Gedanken wiederholt gesprochen oder gedacht und geradezu »wiederkäuend« angeeignet und bedacht. In der gegenstandslosen Meditation kommt es zugleich auf die Konzentration oder das Loslassen der Gedanken, eine disziplinierte Körperhaltung und eine bewusste, natürliche Atmung an. Das ostkirchliche »Herzensgebet« mit seiner Idee eines »immerwährenden Gebets« wird in wiederholten Gebetsbitten eingeübt (etwa: »Herr Jesus Christus, erbarme dich unser«), die mit einer gleichmäßigen Atembewegung verbunden werden.

Konfessionsübergreifend haben eine »charismatische« Frömmigkeit (Pflege der urchristlichen Geistesgaben), eine »Spiritualität der Befreiung« (sozialethisch-politischer Schwerpunkt) und eine »weibliche« Spiritualität (ganzheitliches Glauben, mit Körper, Seele und Geist) Verbreitung gefunden. Eine »prophetisch-politische« Frömmigkeit legt einen Schwerpunkt auf die Friedensarbeit oder auf Entwicklungspolitik und Solidarität mit der Zweidrittelwelt. Einer »ökologischen« Spiritualität, verbunden mit Ehrfurcht vor der Natur, ist an der Bewahrung der Schöpfung gelegen. Sie umfasst Tierschutz, Naturkost und sorgsamen Umgang mit den natürlichen Vorräten der Erde, und wirbt damit für einen einfachen Lebensstil.

Katholische Frömmigkeit

Katholische Frömmigkeit ist stark kirchenbezogen. Denn in der katholischen Grundhaltung wird die Kirche als die Instanz verstanden, welche die christliche Botschaft zuverlässig erfasst und ihren Wahrheitsgehalt verbürgt. Ferner wird die Kirche hier als Heilsanstalt anerkannt, die durch ihre Sakramente, Rituale und Amtsträger Gottes Gnade vermittelt.

Die Kirche ist eine sichtbare Größe, mit einer Organisationsstruktur, mit geistlichen Ämtern, mit gottesdienstlichen Formen. Die spezifisch katholische Frömmigkeit ist von dem Bezug auf die Kirche her an Greifbares gewiesen. Dies hat theologisch seinen Anhalt an der Menschwerdung (Inkarnation) des Wortes Gottes: »Das Wort ward Fleisch und wohnte unter uns, und wir sahen seine Herrlichkeit, eine Herrlichkeit als des eingeborenen Vaters, voller Gnade und Wahrheit« (Johannes 1,14). Die Kirche ist vom Neuen Testament her als der Leib Christi verstanden, und aus katholischer Sicht heißt das: Die Menschwerdung des Wortes Gottes setzt sich in der Kirche fort.

In der katholischen Frömmigkeit findet sich ein erheblicher Formenreichtum. Dabei ist etwa an Gesten wie das Sichbekreuzigen zu denken, oder dass man sich beim Besuch des Gotteshauses mit Weihwasser benetzt und in Richtung zum Altar die Knie beugt, oder an den Friedensgruß gegen Ende der Eucharistiefeier. Katholische Kirchenräume sind reich ausgestattet: mit Altären, Bildern, Kerzen, mit dem »ewigen Licht« beim Tabernakel, der das konsekrierte (geweihte) Brot enthält. Der Gottesdienst beginnt mit einem feierlichen Einzug des Priesters und der Ministranten. Sie tragen festliche Gewänder. Im Verlauf des Gottesdienstes wird Weihrauch benutzt. Bei bestimmten Gebeten und während der Einsetzungsworte des Abendmahls wird gekniet. Es gibt etwas zu sehen, zu hören, zu riechen, zu spüren und, bei der Kommunion, zu schmecken. Die verschiedenen Sinne werden einbezogen.

Die Gnade wird in erster Linie durch die Sakramente vermittelt und diese werden kirchlich verwaltet. Hier ist Gottes Gnade sozusagen zu greifen. Der Glaube der Einzelnen ist zwar verborgen, da man niemandem ins Herz schauen kann. Wenn aber die Gnade im Leben von Menschen erneuernd eingreift, dann gibt es etwas zu beobachten. Die »Rechtfertigung allein aus Gnade« kann man nicht sehen, wohl aber etwas von der »Heiligung« eines Menschen, von seinem guten Leben, von seinen Taten der Liebe.

Wallfahren werden durchgeführt, die zur Besinnung und zur Umkehr helfen. Bestimmte Kapellen oder Kirchen sind als Wallfahrtsstätten für die Pilger festgelegt. Mit Flurprozessionen werden die Felder unter den Segen Gottes gestellt. Im Altar ist eine Reliquie eingelassen, ein Überrest des Heiligen, dem die betreffende Kirche geweiht ist oder der an diesem Altar verehrt wird.

Im Fasten an den Freitagen und während der Fastenzeiten, vor allem in den Wochen von Aschermittwoch bis in die Osternacht, wird durch Verzicht auf Nahrung oder durch deren Einschränkung Askese geleistet und damit ein Zeichen der Umkehr gesetzt. Im Monat Mai werden Marienandachten gehalten. Der Rosenkranz, eine Perlenschnur, wird beim wiederholten Gebet benutzt, besonders bei mehreren Aufeinanderfolgen des Vaterunsers und des Ave Maria.

Bei der Fronleichnamsprozession werden geweihte Oblaten mitgeführt. Nach der römisch-katholischen Lehre von der Transsubstantiation, der Wandlung von Brot und Wein in Leib und Blut Christi, ist hier Jesus Christus selbst in der Öffentlichkeit, außerhalb des Gotteshauses, gegenwärtig und nimmt von der Erde Besitz.

Die Klöster haben in den katholischen Kirchen eine reiche Tradition der Seelsorge, der Landwirtschaft und Wissenschaft, der Armenpflege, Krankenpflege und anderer Formen der Diakonie, der religiösen Unterweisung und Erwachsenenbildung und nicht zuletzt der Meditation und Kontemplation. Gerne werden die Ordensleute um seelsorgerlichen Rat aufgesucht, auch um zu beichten. Häufig werden in den Klöstern Einkehrtage angeboten. Die Klöster haben ein strenges geistliches Leben entfaltet. Der Tageslauf der Nonnen und Mönche ist von der Eucharistie und den Stundengebeten bestimmt.

Die Nonnen und Mönche (bei Letzteren sind Ordensgeistliche und Laienbrüder zu unterscheiden) haben sich freiwillig zur klösterlichen Lebensform verpflichtet, also zu einem Leben in Armut, Gehorsam und Keuschheit. Die Ehelosigkeit (der Zölibat) der »Weltpriester«, der Geistlichen, die keinem Orden angehören, dagegen ist, außer in den mit Rom unierten Ostkirchen, mit dem Stand des Geistlichen verbunden und damit nicht immer freie Entscheidung.

In den reformatorischen Kirchen gab es zunächst keine Nonnen und Mönche mehr. Erst im 20. Jahrhundert (in der anglikanischen Kirche schon im 19. Jahrhundert) entstanden hier und dort in den evangelischen Kirchen Kommunitäten, deren Mitglieder sich ebenfalls zum Leben in Armut, Gehorsam und Keuschheit verpflichten. Sie pflegen die klösterlichen Stundengebete (als »Tagzeitengebete«).

Die ostkirchliche Frömmigkeit hat ihre eigenen speziellen Formen entwickelt. Die Eucharistiefeier, die »heilige Liturgie«, dauert etwa doppelt so lange wie die Messe in der abendländischen Tradition und ist der Struktur nach noch weiter differenziert (Zubereitung der Gaben Brot und Wein, Liturgie des Wortes, Liturgie der Gläubigen). Betont ist der Lobpreis Gottes (die Doxologie). Die Predigt steht eher am Rand.

Besondere Bedeutung hat in der ostkirchlichen Frömmigkeit die Ikonenverehrung, die 1054 ein äußerer Anlass für die Kirchenspaltung zwischen Rom und Konstantinopel gewesen war. In jedem ostkirchlichen Gotteshaus teilt die Ikonostase (die Bilderwand) den Altarraum vom Kirchenschiff. Die Verehrung gegenüber den Ikonen, auf denen Christus, Maria, Propheten, Apostel oder Heilige dargestellt sind, äußert sich auch darin, dass sie geküsst werden. In den Ikonen wird nach ostkirchlicher Lehre das Dargestellte durch die Darstellung hindurch transparent. Das Göttliche scheint durch die Ikone ins Irdische hinein.

Die Kerzen werden in der ostkirchlichen Frömmigkeit reichlich gebraucht. Mit Geldspenden, die mit dem Entzünden von Kerzen im Gotteshaus verbunden sind, wird ein Teil der kirchlichen Arbeit finanziert. Gläubige orthodoxe Christen tragen ihr Leben lang ein geweihtes Kreuz auf der Brust. Die Gebärde des Sichbekreuzigens mit der rechten Hand wird bei allen möglichen Anlässen geübt und gilt zugleich als »kleines Glaubensbekenntnis«: Die drei ersten Finger deuten beim Kreuzeszeichen auf die göttliche Dreieinigkeit, die beiden letzten Finger auf die göttliche und die menschliche Natur Christi.

Evangelische Frömmigkeit

Katholische Frömmigkeit betont in der biblischen Botschaft die Menschwerdung des Wortes Gottes, ostkirchliche Frömmigkeit die Auferstehung Jesu Christi. Evangelische Frömmigkeit hebt mehr das Kreuz Jesu hervor. Deshalb ist der Karfreitag in der evangelischen Tradition ein zentraler Festtag. Beim Abendmahl wird in den evangelischen Gottesdiensten herkömmlich die menschliche Schuld und die durch den Kreuzestod Jesu vermittelte Vergebung der Schuld unterstrichen.

Mit dem Nachdruck auf dem Kreuz Jesu fehlt der evangelischen Frömmigkeit ein triumphalistischer Einschlag, also eine Tendenz, zu einer mächtigen und herrschenden Kirche gehören zu wollen. Das Kreuz drückt das Leiden, die Ohnmacht und das Scheitern aus. Demgegenüber bleibt der Sieg des auferstandenen Christus im irdischen Leben verborgen. Er kommt erst im künftigen Reich Gottes vollends zum Vorschein.

Evangelische Frömmigkeit ist stark bibelbezogen. Das entspricht der reformatorischen Losung *Sola scriptura* (Allein die Heilige Schrift), mit welcher die Bibel als die entscheidende und verbindliche Glaubensquelle hervorgehoben wird.

Die Vielfalt reformatorischer Konfessionsfamilien und Denominationen spiegelt sich in Frömmigkeitsstilen wider, die weit auseinander gehen. »Evangelische Frömmigkeit umfasst eine große Bandbreite – vom hochkirchlichen Flügel der Anglikanischen Gemeinschaft bis hin zu den aus der Reformation erwachsenen Freikirchen und den heute sich zu Wort meldenden evangelikalen Gruppen. Trotz dieser Vielfalt und trotz unterschiedlicher Akzentuierungen im Einzelnen gibt es eine gemeinsame Mitte, aus der alle evangelische Spiritualität erwächst: Gottes Wort« (Hans-Martin Barth, Spiritualität, S. 44).

Auch wo etwa der Geist Gottes recht unmittelbar als die Quelle des Glaubens erfahren wird, wie in der Pfingstbewegung und in charismatischen Kreisen, ist die Bibel unbestritten das Instrument des Geistes schlechthin. Im protestantischen Fundamentalismus, der sich die Bibel wortwörtlich anzueignen sucht, hat diese sowieso den allerersten Rang. Im protestantischen Liberalismus (in einem freien Christentum) wird die Suche nach der Wahrheit kräftig unterstrichen. Auch hier ist der Bezug zur Bibel gegeben, weil in der immer neu auszulegenden und anzueignenden biblischen Botschaft die entscheidende Antwort auf die Wahrheitsfrage gesehen wird.

Der evangelische Gottesdienst ist von Bibeltexten begleitet, und rein quantitativ, im allgemeinen Bewusstsein auch qualitativ, steht die Predigt im Mittelpunkt, in der ein Bibeltext ausgelegt und vergegenwärtigt wird. Bei den Gebeten ist, wie in allen Konfessionen, das aus der Bergpredigt genommene Vaterunser das Kerngebet überhaupt. Dazu kommen Psalmgebete.

Die persönliche Bibellektüre wird gefördert. In der Reformation wurde in den evangelischen Gegenden die allgemeine Schulpflicht eingeführt, damit die einzelnen Christen selbst in der Lage sind, in der Bibel zu lesen, statt die biblische Botschaft nur in kirchlicher Verpackung zu vernehmen. So sollten sie auch dazu befähigt werden, anhand der Bibel die kirchliche Verkündigung sowie die kirchlichen Weisungen und Ordnungen zu überprüfen. Bei der Konfirmation und bei der kirchlichen Trauung werden Bibeln überreicht. Damit wird einer persönlichen Frömmigkeit Nahrung gegeben, die sich auch der kirchlichen Vermittlung gegenüber verselbständigen kann.

Die Reformation hatte überall die Übersetzung der Bibel in die jeweilige Landessprache zur Folge. In evan-

152

gelischen Jugendkreisen und bei Kirchentagen werden Bibelarbeiten gehalten. In den Kirchengemeinden wird in Bibelstunden oder Gesprächen über die Bibel in biblische Texte und Themen eingeführt. Vielerorts organisieren sich Hauskreise, die sich mit der Bibel befassen. Es gibt eine Fülle von Andachtsbüchern mit täglichen Bibelauslegungen. Eine lange Tradition (seit 1731) haben die »Losungen« der Herrnhuter Brüder-Unität, mit »Losung« und »Lehrtext« für jeden Tag.

Kernworte der Bibel werden im deutschen Sprachraum durch die dem Kirchenjahr folgenden, gleichbleibenden »Wochensprüche« und, jährlich wechselnd, durch die »Jahreslosung« und die »Monatssprüche« ins Bewusstsein gebracht. Für das persönliche Glaubensleben haben Taufspruch, Konfirmationsspruch und Trauspruch ein besonderes Gewicht.

Entscheidend ist, dass in der Bibel heilsame Wahrheit vernommen wird: Gottes Anspruch und Zuspruch (»Gesetz und Evangelium«) und damit die Zusage, von Gott trotz aller eigenen Schuld angenommen zu sein. Der württembergische Bibelausleger Johann Albrecht Bengel (1687-1752) gab für den Umgang mit der Bibel die Parole aus: »Wende dich ganz dem Text zu; wende die ganze Sache auf dich an« (*Te totum applica ad textum; rem total applica ad te*).

Im Vergleich mit der katholischen ist die evangelische Frömmigkeit eher nüchtern und arm an Formen. Ist katholische Frömmigkeit leibhaft und sinnenhaft, so konzentriert sich evangelische Frömmigkeit auf das Hören und Bedenken des biblischen Wortes.

Katholische Frömmigkeit bietet mit ihrem Formenreichtum den Menschen mehr Hilfen an, macht ihnen aber auch mehr Vorschriften, etwa die »Sonntagspflicht«, die gebietet, an jedem Sonntag und Feiertag die Messe zu besuchen. Evangelische Frömmigkeit mutet den Menschen mehr Eigenverantwortung zu, kann sie dabei aber auch überfordern.

Frömmigkeitsübungen werden evangelischerseits nicht grundsätzlich abgelehnt, gelten aber als veränderbar und zweitrangig. Eine »Freiheit in äußeren Zeremonien« (Augsburger Bekenntnis, Artikel 26) wird vertreten. Aufgrund der Botschaft von der »Rechtfertigung allein aus Gnade« seien Frömmigkeitsübungen keine verdienstlichen, »guten Werke«, mit denen man sich auch nur spurenweise das eigene Heil erarbeiten könnte. Besteht in der katholischen Frömmigkeit eine Gefahr der Äußerlichkeit und des Leistungsdenkens (der »Werkgerechtigkeit«), so in der evangelischen Frömmigkeit eine Gefahr der intellektuellen Abstraktion und der Verflüchtigung, und zudem einer »Bilderstürmerei«, die um des Prinzips der Gnade willen bewährte Formen und Hilfen hinter sich lässt.

Vor allem die anglikanische und die lutherische Konfessionsfamilie haben allerdings aus der mittelalterlichen Kirche einen gewissen Formenreichtum festgehalten, der sich in der Gestalt der Messe, den liturgischen Gewändern und Bildern in den Kirchen zeigt. Zudem haben durch die ökumenischen Begegnungen der letzten hundert Jahre in den reformatorischen Kirchen spirituelle Angebote verstärkt Einzug gehalten. Nicht zuletzt hat die ökumenische Bruderschaft von Taizé zu einer Bereicherung evangelischer Frömmigkeit beigetragen.

In zahlreichen Gemeinden wird das Abendmahl (in der Form der Messe) mindestens einmal im Monat gefeiert. In die Gottesdienste sind Introituspsalm und Responsorien eingefügt. Taufkerzen und Osterkerzen sind in Gebrauch. Osternachtsfeiern und gelegentlich auch Kreuzwegstationen werden begangen.

Dem katholischen Heiligenkalendarium entspricht ein »Evangelischer Namenkalender« mit Vorbildern des Glaubens.

Das Fasten wird auch in evangelischen Kreisen wieder geübt: etwa in den deutschen evangelischen Kirchen seit 1983 in der Aktion »Sieben Wochen ohne« (freiwilliger Verzicht auf diesen und jenen Konsum in den sieben Wochen vor Ostern). Evangelische »Wallfahrten« gibt es in der Form von Studienreisen, etwa ins Heilige Land, an die frühen Stätten der Christenheit, zum Ökumenischen Rat der Kirchen nach Genf, oder auf den Spuren Martin Luthers oder anderer großer christlicher Persönlichkeiten.

Zusammenfassung

Christliche Frömmigkeit verinnerlicht die christliche Botschaft und bildet damit die Brücke zwischen Glauben und Tun. Sie vollzieht sich in Formen, die eingeübt werden.

Evangelische Frömmigkeit ist stark bibelbezogen. Sie orientiert sich an der Rechtfertigung allein aus Gnade, die auf das Gewissen und das Wahrheitsbewusstsein der Einzelnen trifft.

Katholische Frömmigkeit ist stark kirchenbetont. Sie orientiert sich an der Inkarnation des Wortes Gottes in Jesus Christus. Die Gnade, die zu einem neuen Leben befähigt, wird durch die Sakramente und zahlreiche sinnenhafte Symbole, Rituale, Zeichen und Gesten vermittelt.

9. »Evangelische Katholizität«: die ökumenische Perspektive

Versöhnte Verschiedenheit

Vom Neuen Testament her ist es geboten und heute ist es zur Glaubwürdigkeit der Christen in einer teils säkularisierten, teils multireligiösen Umwelt besonders wichtig, dass die Christenheit kein Bild der Zerstrittenheit bietet, sondern dass die Konfessionsfamilien miteinander in »Kirchengemeinschaft« (*communio*) stehen. Im »hohenpriesterlichen Gebet« betet Jesus für die Einigkeit seiner Jünger und der künftigen Gemeinde: »Ich bitte nicht allein für sie, sondern auch für die, die durch ihr Wort an mich glauben werden, damit sie alle eins seien. Wie du, Vater, in mir bist und ich in dir, so sollen auch sie in uns sein, damit die Welt glaube, dass du mich gesandt hast« (Johannes 17,20-21).

Die »Einigkeit im Geist durch das Band des Friedens« (Epheser 4,3) ist der Sache nach im dreieinigen Gott vorgegeben und muss nicht erst von den Christen hergestellt werden: »Ein Leib und ein Geist, wie ihr auch berufen seid zu einer Hoffnung eurer Berufung; ein Herr, ein Glaube, eine Taufe; ein Gott und Vater aller, der da ist über allen und durch alle und in allen« (Epheser 4,4-6).

Die weltweite Christenheit bildet eine »Geistgemeinschaft«. Aber diese muss auch sozusagen leibhaft greifbar werden. Sie muss konkrete und verpflichtende Gestalt annehmen. Die Menschen sind nicht nur Geist und Seele, sondern auch Leib, und dazu gehören Kommunikation, Verbindung, Vernetzung.

Konfessionelle Vielfalt, theologische Meinungsverschiedenheiten, unterschiedliche Formen der Frömmigkeit, organisatorische Pluralität, kurz: eine Mehrzahl von »Kirchentümern« oder Denominationen: Das alles ist grundsätzlich berechtigt. Eine Welt-Einheitskirche wäre nur als »feindliche Übernahme« der Schwächeren durch die Stärkeren zu bekommen. Ein solcher Zwang widerspräche aber der christlichen Freiheit. Die entscheidende Frage lautet aber wie das Nebeneinander zu einem Miteinander, zu einer »Gemeinschaft« (*communio*) von Kirchen werden kann.

Wie eine Uniformität, so steht auch umgekehrt eine organisatorische Zersplitterung dem glaubwürdigen Zeugnis der Christenheit im Weg. Die reformatorischen Kirchen haben durch immer neue Abspaltungen ihre Kräfte geschwächt und zum Teil auch die Ostkirchen. Soweit die Verselbständigungen nicht aus Gründen der Wahrheit, sondern aus nichttheologischen Anlässen zustande kamen, sind dann schon organisatorische Flurbereinigungen am Platz, damit man in der Öffentlichkeit mit einer Stimme reden und den Grundanliegen des Evangeliums deutlicher Gehör verschaffen kann.

Mit einer Einheitstheologie ist der Wahrheit nicht gedient, da Gott immer größer ist als menschliches Verstehen. Mit einer Einheitsorganisation ist der Freiheit nicht gedient, auch nicht der Freiheit zur immer tieferen Wahrheitssuche. Nötig ist aber eine »versöhnte Verschiedenheit«, wie sie zuerst im Lutherischen Weltbund (bei seiner 6. Vollversammlung 1977 in Daressalam) als ökumenische Zielvorstellung entwickelt wurde.

Mit »versöhnter Verschiedenheit« sind drei unverzichtbare Aspekte von Kirchengemeinschaft gemeint: eine Grundübereinstimmung im Glauben an das »Wort der Wahrheit«; gottesdienstliche Gemeinschaft samt gegenseitiger eucharistischer Gastfreundschaft (oder sogar eucharistischer Konzelebration); gegenseitige Anerkennung der geistlichen Ämter, was in der Praxis auch Kanzeltausch, Amtsaushilfe und »katechetische Gastfreundschaft« (bei der religiösen Unterweisung der Jugend) bedeutet.

Damit die »versöhnte Verschiedenheit« auch kirchenamtlich verbindlich wird, ist es erforderlich, dass die beteiligten Kirchenleitungen die Kirchengemeinschaft ausdrücklich erklären. Das ist innerreformatorisch beispielhaft in der »Leuenberger Konkordie« von 1973 (»Konkordie reformatorischer Kirchen in Europa«) erfolgt. Abgesehen davon wird häufig an der »Basis« eine »versöhnte Verschiedenheit« auch ohne kirchenamtlichen Segen praktiziert, etwa zwischen römisch-katholischen und evangelischen Gemeinden.

»Versöhnte Verschiedenheit« bedeutet auch, dass Kirchen und Christen von den jeweils anderen Erfahrungen und Einsichten lernen, sich gegenseitig befragen, kritisieren und bereichern. »Prüft alles, und das Gute behaltet« (1. Thessalonicher 5,21): Das gilt nicht zuletzt in der ökumenischen Begegnung. So leisten sich die Kirchen gegenseitig einen Dienst, wenn sie sich durch das gelebte Beispiel und kritisches Nachfragen dazu helfen, keinen der kirchlichen Grundvollzüge zu vernachlässigen: »Martyria, Liturgia und Diakonia (Zeugnis, Gottesdienst und Dienst am Mitmenschen) sind dem gesamten Volk Gottes aufgetragen« (Gemeinsame Römisch-katholische/ Evangelisch-lutherische Kommission (Hg.), Das geistliche Amt in der Kirche, Nr. 13).

Es ist das Ziel wachsender »Kirchengemeinschaft«, dass Christen aller Konfessionen immer deutlicher das Wort der Wahrheit vernehmen und annehmen und diesem zu entsprechen suchen. Es ist das Ziel, dass sie zu einer größeren »Fülle« im Glauben und Tun gelangen: »bis wir alle hingelangen zur Einheit des Glaubens und der Erkenntnis des Sohnes Gottes ..., zum vollendeten Maß der Fülle Christi« (Epheser 4,13).

Das heißt unter anderem, dem »evangelischen« wie dem »katholischen« Aspekt des Christseins gerecht zu werden (also im weitesten Sinn zugleich »evangelisch« und »katholisch« zu sein). Damit ist man bei einer »evangelischen Katholizität«, wie sie etwa der römisch-katholische Theologe Hans Küng vertritt (Was ist Kirche?, S. 122-123).

Mit »evangelischer Katholizität« meint Küng die Unverzichtbarkeit des katholischen und des evangelischen Aspekts für das Christsein. Der evangelische Aspekt liegt in der Konzentration auf die biblische Botschaft, der katholische Aspekt in der Universalität, der zeit- und menschheitsumgreifenden Weite der Christenheit.

Der Begriff »evangelische Katholizität« wurde 1919 von dem schwedischen lutherischen Erzbischof Nathan Söderblom (1866-1931) und daraufhin auch von Friedrich Heiler in die Diskussion eingeführt. Heiler wollte in der »evangelischen Katholizität« die Evangeliumsbezogenheit des »evangelischen« Aspekts mit der zeitlichen, räumlichen und inhaltlichen Universalität des »katholischen« Aspekts zusammenbringen. Er fand eine solche evangelische Katholizität im Neuen Testament, in der Liturgie der Alten Kirche und im Augsburger Bekenntnis von 1530.

Auch Paul Tillich bekannte sich zu einer »evangelischen Katholizität« (Gesammelte Werke, Band 13, S. 92-95). »Um evangelische Katholizität ringen heißt um eine christliche Verwirklichung ringen, die katholisch ist, ohne sich der römischen Katholizität zu unterwerfen, die protestantisch ist, ohne an die Enge des evangelischen Kirchentums gebunden zu sein. Evangelische Katholizität in diesem Sinne ist das Ziel alles Ringens um neue Formen christlicher Verwirklichung« (S. 95).

»Evangelische Katholizität« kann nicht bedeuten, aus den katholischen und evangelischen Kirchen alles zusammenzuschütten und womöglich auch noch das jeweilige Sondergut. Das ergäbe einen ungenießbaren Einheitsbrei. Die »Fülle« in Christus schließt ein, dass die einzelnen Christen ihren Glauben im Rahmen ihrer jeweiligen konfessionellen Tradition, ihrer eigenen Grundhaltung, Erfahrung und Kultur praktizieren können und dass die einzelnen Kirchen ihre Überlieferungen und kollektiven Erfahrungen einbringen. Die einzelnen Christen und Kirchen dürfen zu ihrem jeweiligen Ort und Standort stehen. Dazu gehört auch, den Ort und Standort der Mitchristen und der anderen Kirchen zu respektieren. Eine Kirche mag ihre Gottesdienste nach ihrem eigenen Profil gestalten. Sie soll nur bereit sein, dabei von den Gottesdienstformen anderer Kirchen zu lernen und nicht die eigene Form für die einzig sinnvolle zu halten.

»Evangelische Katholizität« schließt immer den evangelischen und den katholischen Aspekt ein. Aber in der Frage der evangelischen oder katholischen Grundhaltung, wo es darum geht, wer die Wahrheit des Wortes Gottes zuverlässig erfasst und mit Vollmacht verbürgt, können die einzelnen Christen entweder den »evangelischen« oder den »katholischen« Akzent setzen: Entweder ist in erster Linie die Kirche diese Instanz oder aber die einzelnen Christen mit ihrem Gewissen und Wahrheitsbewusstsein. Der eine Akzent steht dann jeweils im Vordergrund, aber der andere darf auch nicht ganz fehlen. So gibt es eine »evangelische Katholizität« mit »evangelischer« und eine andere mit »katholischer« Schlagseite. Doch dürfen in der evangelischen Katholizität weder die evangelischen Schwerpunkte »Wahrhaftigkeit und Freiheit« noch die katholischen Schwerpunkte »Geborgenheit und Bindung« vernachlässigt werden. Sonst kommt es im christlichen Denken und Leben zu Einseitigkeiten und Verkümmerungen.

Eine weitere Angleichung der bestehenden Konfessionsfamilien aneinander ist denkbar. Aber das, was sie an be-
sonderem Profil entwickelt haben, darf nicht verloren gehen: aus den katholischen Kirchen das Sinnenhafte, die
Symbolik, der Sinn für Feier, Gemeinschaft und Tradition; aus den evangelischen Kirchen die Orientierung am
Wesentlichen, speziell an der Bibel, die Einschärfung der
Wahrhaftigkeit und der Gewissensernst.

Es ist nicht gesagt, dass die künftige konfessionelle
Vielfalt im Rahmen einer »versöhnten Verschiedenheit« so
aussehen wird wie die gegenwärtigen Konfessionsfamilien
und ihre Denominationen. Die frühchristlichen Differen-
zierungen (zuerst hebräische und hellenistische Judenchristen, dann Judenchristen und Heidenchristen) entsprechen ja auch nicht den heutigen Konfessionen. Nur wird
man auch künftig eine überschaubare konkrete Gemeinde
oder Gemeinschaft (»vor Ort«) ebenso benötigen wie den
großen Zusammenhang der weltweiten einen Kirche.

Der Vorrang und der Vorbehalt der Wahrheit

In den ökumenischen Begegnungen und Bemühungen und damit im evangelisch-katholischen Dialog hat
die Wahrheitsfrage den Vorrang vor allen anderen Ge-
sichtspunkten, da es in der Religion in erster Linie um die
unbedingt gültige und heilsame Wahrheit geht. Die entscheidende Wahrheit ist nicht irgendeine Lehre, eine bestimmte »Satzwahrheit«, sondern der dreieinige Gott
selbst und sein Wort, das in Jesus von Nazareth Mensch
geworden ist (Johannes 1,14).

Die »Einigkeit im Geist«, die Gemeinschaft der Christen und der Kirchen im Sinn von »versöhnter Verschie-

denheit«, ist gerade um dieser Wahrheit willen geboten. Denn die Kirche, der »Leib Christi«, ist die Gemeinschaft derer, die in Jesus Christus die alles entscheidende Wahrheit gefunden haben und die in dieser Wahrheit bereits miteinander verbunden sind.

Keine noch so vernünftig klingenden Zweckmäßigkeitsgesichtspunkte wie »Einigkeit macht stark« können auf Dauer in der Ökumene zusammenführen, sondern nur die Wahrheit des Wortes Gottes. Von dieser Wahrheit aus sind aber auch die Grenzen der Ökumene abzustecken. Was dem Geist Jesu Christi widerspricht, darf in der »evangelischen Katholizität« keinen Platz finden. Wo man sich in den grundlegenden Glaubenswahrheiten nicht miteinander verbunden weiß, kann es auch keine Kirchengemeinschaft (*communio*) geben.

Zwischen den Konfessionsfamilien stellt sich die Wahrheitsfrage im Blick auf das jeweilige Sondergut. Es ist nicht angebracht, die konfessionellen Differenzen und damit das jeweilige Sondergut von vornherein für nebensächlich und bedeutungslos zu halten. Wenn alles »gleich gültig« oder gleich nebensächlich ist, wird schließlich alles »gleichgültig« und beliebig. Es mag im einen oder anderen Fall von der eigenen Wahrheitserkenntnis aus nötig sein, ein bestimmtes Sondergut, eine Sonderlehre oder Sonderpraxis einer anderen Konfessionsfamilie entschieden abzulehnen.

Doch welches (geringfügige oder auch bedeutsame) konfessionelle Sondergut ist mit der Wahrheit des Wortes Gottes, mit dem Geist Jesu Christi vereinbar, welches nicht? Folgt man der »evangelischen« Grundhaltung, dann müssen das in erster Linie die einzelnen Christen mit ihrem Wahrheitsbewusstsein prüfen. Folgt man der »katholischen« Grundhaltung, dann ist diese Prüfung in erster Linie Sache des gemeinschaftlichen Wahrheitsbewusstseins, wie es vom kirchlichen Lehramt repräsentiert

162

wird. Immerhin wird in beiden Grundhaltungen das persönliche auch in einem gemeinschaftlichen Wahrheitsbewusstsein gebündelt: dem »Glaubenssinn« (*sensus fidei*; Zweites Vatikanisches Konzil, Kirchenkonstitution Nr. 12); der »Übereinstimmung der Kirche« (*consensus ecclesiae*; Kirchenkonstitution Nr. 25); der christlichen »Einmütigkeit« (*magnus consensus*; Augsburger Bekenntnis, Artikel 1, lateinische Fassung). Aber wer bringt eben dieses gemeinschaftliche christliche Wahrheitsbewusstsein zum Ausdruck? Römisch-katholisch ist es ein klar abgegrenztes Lehramt, evangelisch sind es Formulierungen der Grundübereinstimmung, die von ihrem Inhalt her den Glaubenden (im Sinn des »allgemeinen Priestertums der Glaubenden«) einleuchten müssen.

Aber wann ist in der Begegnung der Konfessionsfamilien tatsächlich der Grenzfall gegeben, dass wegen gewichtigen Sonderguts, das dem Geist Jesu Christi widerspricht, Kirchengemeinschaft nicht möglich ist? Aus über hundert Jahren ökumenischer Erfahrungen und ökumenischen Lernens gibt es darauf eine eher pragmatische Antwort: Die Konfessionsfamilien der christlichen Ökumene können untereinander in geringerem Ausmaß oder in vollem Umfang bereits »versöhnte Verschiedenheit« praktizieren, trotz ihres jeweiligen Sonderguts oder auch mit diesem. Diese versöhnte Verschiedenheit kann aber getrübt oder unterbrochen werden, solange eine Denomination von einer Häresie mit schlimmen Folgen bestimmt wird, wie jahrzehntelang die niederländisch-reformierte Kirche in Südafrika mit ihrem Grundsatz der Apartheid.

Diese pragmatische Antwort wird von einem »Vorbehalt der Wahrheit« untermauert. Dieser besagt, dass alle, auch die christliche Wahrheitserkenntnis gegenüber dem immer größeren Gott (dem *deus semper maior*) zurückbleibt (2. Korinther 5,7: »Wir wandeln im Glauben und nicht im Schauen«). Von diesem Vorbehalt aus ist auch die christliche Wahrheitserkenntnis, sowohl der einzelnen Glaubenden als auch der Gemeinschaft der Christen, in den Einzelheiten vorläufig und fehlbar. Das ist freilich kein Anlass für religiösen Skeptizismus oder Relativismus. Denn im Ganzen, im Blick auf die Grundlagen und die Grundrichtung der biblischen Botschaft, steht die Kirche unter der Verheißung, dass sie von der Wahrheit Gottes gehalten wird: »Wenn aber jener, der Geist der Wahrheit, kommen wird, wird er euch in alle Wahrheit leiten« (Johannes 16,13).

Im Sinne dieses »Vorbehalts der Wahrheit« hat keine Konfessionsfamilie und kein einzelner Christ die volle Wahrheit für sich gepachtet. Sie bleiben alle dahinter zurück, die einen mehr, die anderen weniger; die einen eher in der einen, die anderen eher in einer anderen Hinsicht. Gerade deshalb braucht innerhalb der christlichen Ökumene das Sondergut der einen, das den anderen sperrig oder auch abwegig vorkommt, eine Kirchengemeinschaft schließlich doch nicht zu verhindern.

Vom Vorbehalt der Wahrheit her hat die Vielzahl christlicher Konfessionsfamilien schon darin einen guten Sinn, dass man sich von verschiedenen Seiten her an die immer größere Wahrheit herantastet, von der man sich zugleich gehalten weiß.

Vorrang und Vorbehalt der Wahrheit spiegeln sich in einem bekannten Satz aus dem 17. Jahrhundert wider, der alle Bemühungen um eine glaubwürdige ökumenische Praxis begleiten sollte: »Im Notwendigen Einheit, im Zweifelhaften Freiheit, in allem die Liebe« (*in necessariis unitas, in dubiis libertas, in omnibus caritas*).

Zusammenfassung

Die Einheit der weltweiten Christenheit als des »Leibes Christi« ist dem Wesen nach in Jesus Christus schon gegeben. Doch bedarf diese Einheit einer glaubwürdigen Darstellung in der »Einigkeit im Geist« und damit auch in der »Kirchengemeinschaft« (*communio*).

Das realistische Einheitsmodell ist die »versöhnte Verschiedenheit«: die gegenseitige Anerkennung der Konfessionsfamilien und Denominationen als Ausgestaltungen und Teile der einen Kirche Jesu Christi. Ein institutioneller Zusammenschluss aller Denominationen in einer einheitlichen Organisation auf Weltebene wäre nur durch Zwang zu erreichen, würde also der christlichen Freiheit widersprechen.

Die »versöhnte Verschiedenheit« steht in der Perspektive einer »evangelischen Katholizität«. Das heißt, voneinander zu übernehmen, was deutlich der Wahrheit des Wortes Gottes entspricht, und hin und her eine bereichernde Vielfalt an Erfahrungen und Gestaltungen anzuerkennen. Evangelische Katholizität schließt Wahrhaftigkeit und Freiheit, Geborgenheit und Bindung ein.

Literatur

Hans-Martin Barth: Spiritualität. Ökumenische Studienhefte 2, Bensheimer Hefte 74, Göttingen 1993.

Klaus Berger: Was ist biblische Spiritualität?, Gütersloh 2000.

Eugen Biser u. a. (Hg.): Der Glaube der Christen. Band 1: Ein ökumenisches Handbuch. Band 2: Ein ökumenisches Wörterbuch, München und Stuttgart 1999.

Hermann Brandt/ Jörg Rothermundt (Hg.): Was hat die Ökumene gebracht? Fakten und Perspektiven, Gütersloh 1993.

Codex des Kanonischen Rechts. Lateinisch-deutsche Ausgabe, Kevelaer 1983.

Oscar Cullmann: Einheit durch Vielfalt. Grundlegung und Beitrag zur Diskussion über die Möglichkeiten ihrer Verwirklichung (1986), 2. Auflage, Tübingen 1990.

Reinhard Frieling: Der Weg des ökumenischen Gedankens. Eine Ökumenekunde. Kleine Vandenhoeck-Reihe 1564, Göttingen 1992.

Reinhard Frieling: Katholisch und Evangelisch. Informationen über den Glauben. Bensheimer Hefte 46, 8., neubearbeitete Auflage, Göttingen 1999.

Heinrich Fries/ Karl Rahner: Einigung der Kirchen – reale Möglichkeit, Freiburg 1985.

Gemeinsame Römisch-katholische/ Evangelisch-lutherische Kommission (Hg.), Das geistliche Amt in der Kirche, Frankfurt am Main und Paderborn 1981.

Gemeinsame Römisch-katholische/ Evangelisch-lutherische Kommission (Hg.): Das Herrenmahl, Frankfurt am Main und Paderborn 1978.

Heinz Glässgen (Hg.): Evangelisch-Katholisch. Muß das sein? Was verbindet, was trennt, Freiburg 1987.

Udo Hahn/ Carsten Peter Thiede/ Athanasios Basdekis/ Martin Lohmann (Hg.): Ökumene wohin? Die Kirchen auf dem Weg ins dritte Jahrtausend, Paderborn 1996.

Martin Honecker/ Hans Waldenfels: Zu Gast beim anderen. Evangelisch-katholischer Fremdenführer (Graz 1983), aktualisierte Neuausgabe, Bonifatius Kontur Band 9918, Paderborn 1997.

Katechismus der Katholischen Kirche, München 1993.

Manfred Kießig (Hg.): Maria – die Mutter unseres Herrn. Eine evangelische Handreichung, Lahr 1991.

Hans Küng: Die Hoffnung bewahren. Schriften zur Reform der Kirche, Zürich 1990.

Hans Küng: Was ist Kirche?, München und Hamburg 1970.

Karl Lehmann/ Wolfhart Pannenberg (Hg.): Lehrverurteilungen – kirchentrennend? Band I, Rechtfertigung, Sakramente und Amt im Zeitalter der Reformation und heute, Freiburg und Göttingen 1986.

Hans-Georg Link: Bekennen und Bekenntnis. Ökumenische Studienhefte 7, Bensheimer Hefte 86, Göttingen 1998.

Lutherisches Kirchenamt (Hg.): Unser Glaube. Die Bekenntnisschriften der evangelisch-lutherischen Kirche. Ausgabe für die Gemeinde, bearbeitet von Horst Georg Pöhlmann, Gütersloh 1986.

Lutherischer Weltbund/ Päpstlicher Rat zur Förderung der Einheit der Christen: Gemeinsame Erklärung zur Rechtfertigungslehre. Gemeinsame offizielle Feststellung. Anhang (Annex) zur Gemeinsamen offiziellen Feststellung, Frankfurt am Main und Paderborn 1999.

Josef Neuner/ Heinrich Roos/ Karl Rahner: Der Glaube der Kirche in den Urkunden der Lehrverkündigung, 12. Auflage, Regensburg 1986.

Peter Neuner: Ökumenische Theologie. Die Suche nach der Einheit der christlichen Kirchen, Darmstadt 1997.

Karl Rahner/ Herbert Vorgrimler (Hg.): Kleines Konzilskompendium. Alle Konstitutionen, Dekrete und Erklärungen des Zweiten Vaticanums in der bischöflich beauftragten Übersetzung. Herder Bücherei 270-273, Freiburg 1966.

Andreas Rössler: Glauben auf den Punkt gebracht. 20 Stichwörter (1992), 2. Auflage, Stuttgart 1994.

Andreas Rössler: Kleine Kirchenkunde. Ein Wegweiser durch die christlichen Konfessionen und Sondergemeinschaften. Calwer Taschenbibliothek 64 (1997), 2. Auflage, Stuttgart 1999.

Andreas Rössler: Welche Wahrheit braucht der Mensch? Zwischen Beliebigkeit und Unfehlbarkeit, Stuttgart 1997.

Heinz Schütte: Glaube im ökumenischen Verständnis. Grundlage christlicher Einheit. Ökumenischer Katechismus. Paderborn und Frankfurt am Main 1993.

Albert Schweitzer: Gesammelte Werke in fünf Bänden, herausgegeben von Rudolf Grabs, München, Zürich und Berlin 1974.

Hans Steubing (Hg.): Bekenntnisse der Kirche. Bekenntnistexte aus 20 Jahrhunderten. ABCteam (1970), 2. Auflage, Wuppertal 1977.

Taufe, Eucharistie und Amt. Konvergenzerklärungen der Kommission für Glauben und Kirchenverfassung des Ökumenischen Rates der Kirchen, Frankfurt am Main und Paderborn 1982.

Paul Tillich: Der Protestantismus als Kritik und Gestaltung. Gesammelte Werke, Band 7, Stuttgart 1962.

Paul Tillich: Begegnungen. Paul Tillich über sich selbst und andere.

Gesammelte Werke, Band 12, Stuttgart 1971.

Paul Tillich: Impressionen und Reflexionen. Ein Lebensbild in Aufsätzen, Reden und Stellungnahmen. Gesammelte Werke, Band 13, Stuttgart 1972.

Paul Tillich: Systematische Theologie Band 1, 3. Auflage, Stuttgart 1956; Band 2, 3. Auflage, Stuttgart 1958; Band 3, Stuttgart 1966.

Hans-Jörg Urban/ Wolfgang Wieland: Zum Thema »Was ist evangelisch, was katholisch?« Handreichung für Erwachsenenbildung, Religionsunterricht und Seelsorge (1984). 3. Auflage, Paderborn 1995.

Was gilt in der Kirche? Die Verantwortung für Verkündigung und verbindliche Lehre in der Evangelischen Kirche. Ein Votum des Theologischen Ausschusses der Arnoldshainer Konferenz, Neukirchen-Vluyn 1985.

Stichworte (in Auswahl)